U0449086

中国与东盟

命运共同体的生动实践

[老挝]素里耶·莫那拉／著

China and ASEAN

Community with a Shared Future

新星出版社　NEW STAR PRESS

序

老挝与中国自1961年建交以来，两国共同经历了半个多世纪的风雨，是好邻居、好朋友、好同志、好伙伴。老、中历届领导人都建立了深厚的友谊。20世纪60年代，为了支援老挝人民的抗美救国斗争，中国人民付出了很大的代价，200余位中国烈士长眠在老挝孟赛和班南舍的烈士陵园。

进入新时期后，两国展开了广泛深入的合作。2009年9月9日在长期稳定、睦邻友好、彼此信赖、全面合作的基础上，当时的老挝人民革命党中央总书记朱马里同志和中共中央总书记胡锦涛同志达成共识，就老中两国关系提高为"全面战略合作伙伴关系"，为巩固和加强后续的双边友好合作打下了坚实的基础。中国提出的"一带一路"倡议同老挝"变陆锁国为陆联国"战略以及两国的社会发展规划都十分契合。2019年4月30日，老挝人民革命党中央总书记、国家主席本扬与中国中共中央总书记、国家主席习近平在北京签署了《中国共产党和老挝人民革命党关于构建中老命运共同体行动计划》（下简称《行动计划》）。老挝成了第一个与中国签订"命运共同体"合作协议的国家。这份《行动计划》是一份非常重要的政治文件，它开启了老、中两国关系的新篇章，将提升两国合作效率，为两国人民带来福祉。

老挝与中国在贸易、投资、人文交流等领域展开了众多合作项目。在多年的电力开发合作中，老挝已实现通电率超90%，极大地改善了人民生活水平，在供给国内用电的同时还能够通过电力出口带来经济效益。2020年12月20日，老中双方合作建设的中老高速公路万象至万荣段顺利通车。中老铁路隧道已全线贯通，建成通车指日可待。这将成为老挝建成"陆联国"的里程碑。

本书作者素里耶是我国优秀的青年学者，也是老中人文交流成果的典范。多年来，她一直积极参与老中友好交流事业，并在中国完成学业后回到老挝参与国家发展建设。在本书中，素里耶结合大量的事实、案例分析了东盟发展的历史、现状以及存在的问题，指出东盟这一区域性组织应在内部构建互信，在外部与其他国家和组织机构建立合作机制，从而实现互利共赢，共同发展。"一带一路"倡议为东盟提供了一个很好的合作机会,将东盟与中国、南亚等国家或地区联系起来。命运共同体理念则可将东盟纳入更大的合作框架中,从构建东南亚命运共同体到亚洲命运共同体,最终构建人类命运共同体。

希望老挝与中国的合作能够形成示范效应,让更多国家加入命运共同体的合作中来,共同建设一个更加繁荣美好的世界。

为完成这一优良的著作,素里耶献上了她的无私智慧和体力。对此我向她表示崇高的敬意,同时也祝她在往后的工作和生活中成功美满。本书在老中建交60周年、中国与东盟建立对话关系30周年之际出版,是一份沉甸甸的贺礼。我相信这本书对广泛的读者特别是对关注研究中国与东盟以及中国与老挝关系的学者是一本很有帮助的参考资料。

原老挝驻中国特命全权大使
原老中合作委员会副主席

维吉·欣达翁

自　序

当收到写一本有关命运共同体的专著邀请时，我的内心有些矛盾，因为自己只不过刚刚博士毕业，再次回到外交部工作不足一年，凭工作经验与学术造诣根本无法写出具有一定深度的书籍。起初，一直在打退堂鼓，以个人能力及专业程度不够等因素推托过几次，但是出版社强调，这本书并不需要写得有多深奥，更多的是希望大家可以了解"命运共同体"这个概念及其构成，以及中国在命运共同体中所起到的作用。这或多或少给了我一些信心与动力。中国对东盟的发展是至关重要的，从东盟共同体到命运共同体，中国一直在积极推动共同体的发展；中国提出的"一带一路"倡议更是生动地描绘了中国对构建共同体的期望，通过积极发展与沿线国家的经济合作伙伴关系，共同打造政治互信、经济融合、文化包容的利益共同体、命运共同体和责任共同体，实现最终的命运共同体。

老挝是1997年加入东盟的成员国，无论是在经济抑或国家综合实力上都远远不如其他国家，而我作为来自老挝的留学生在中国学习七年之久，对共同体的理解与研究也略有不同，因此硕士与博士论文也是围绕共同体展开，并大胆地提出了东盟共同体"胎儿论"：简而言之，就是东盟共同体目前的发展状态犹如胎儿一样，需要良好的环境与补给，目前还只是具备了轮廓，无法独立完成任何功能性动作。导致东盟共同体发展缓慢的主要原因，首先是东盟各成员国之前的发展水平不一致，其次是成员国需要保证本国利益最大化的前提才可以做出相应的决策，这样间接导致了在对外合作时会有所顾忌。而东盟共同体作为命运共同体的一部分，也可以说是重要一环，如果这里存在问题，那势必会影响命运共同体的发展与建设，所以命运共同体的建设还需要很长时间才能完成，需要各个国家的努力与配合方可实现。

2020年新冠肺炎疫情的暴发，并迅速在全球加速扩散；这是对世界各国人民生命安全和身体健康的重大威胁，也是对全球公共卫生安全和危机应对能力的一次重大挑战。人们愈加认识到，世界各国不仅是利益共同体，更是命运共同体，国际社会只有齐心协力才是唯一正确选项，只有共同携手才能取得最终胜利。正如17世纪英国诗人约翰·多恩写道,"没有人是一座孤岛"。就此,我们也更加深刻理解"构建人类命运共同体"是这个时代最重要的理念,这次人类联手战胜病毒,必将成为21世纪构建人类命运共同体的关键一步。

2020年12月

目　录

序　章 / 1

第一章　共同体理论的形成与演变
第一节　共同体概念 / 9
第二节　东盟共同体概念 / 13
第三节　命运共同体概念 / 18

第二章　东盟与东盟共同体
第一节　东盟十国 / 25
第二节　东盟的成立与发展 / 35
第三节　东盟共同体的起源 / 40

第三章　东盟共同体的安全合作重点
第一节　安全合作领域的选定 / 51
第二节　非传统安全合作的成就 / 57
第三节　非传统安全合作对东盟共同体的推动作用 / 67

第四章　东盟共同体的建构
第一节　东盟经济共同体建构 / 75

第二节 东盟社会文化共同体的构架 / 81
第三节 东盟政治安全共同体的构架 / 97

第五章 共同体构建的制约因素与发展前景

第一节 东盟共同体构建的制约 / 107
第二节 东盟成员国间信任不足 / 114
第三节 东盟共同体构建的应对措施与发展前景 / 124

第六章 东盟与命运共同体

第一节 东盟共同体的生命理论建构 / 137
第二节 命运共同体现状与发展 / 147
第三节 东盟共同体与命运共同体的关系 / 152

第七章 东盟共同体对中国的影响

第一节 东盟与中国的关系 / 159
第二节 东盟共同体对中国的影响 / 170
第三节 中国应对东盟共同体的措施 / 177

第八章 "一带一路"与东盟共同体互惠互利

第一节 "一带一路"背景下的东盟 / 185
第二节 "一带一路"与东盟的合作领域 / 190
第三节 "一带一路"对东盟共同体的新机遇 / 197

结 语 / 205

参考文献 / 207

序　章

"命运共同体"一词的提法最早出现于2011年《中国的和平发展》白皮书中，书中提到："要以命运共同体的新视角，寻求人类共同利益和共同价值的新内涵。"后来，这一提法于2012年在中国共产党第十八次全国代表大会上被正式提出。但面向世界首次提出"命运共同体"是在2013年，中国国家主席习近平在俄罗斯莫斯科国际关系学院呼吁国际社会树立"你中有我、我中有你"的命运共同体意识。2013年，习近平主席应邀在印尼国会发表重要演讲。习近平主席表示，中国愿意与印尼及东盟其他成员国开展合作，也会积极推进中国—东盟命运共同体的构建工作，实现共同发展、共同繁荣的美好局面，"中国—东盟命运共同体"的概念由此而来。

"中国—东盟命运共同体"是中国领导人在分析东盟与中国的关系后对共同体重新阐释后得出来的,这个创新的概念为中国与东盟的合作创造了新的方式,可以让中国和东盟换一个角度去审视彼此之间的关系。东盟构建的共同体是实现全球命运共同体的重要一环,必须把东盟看作一个整体,此时的东盟不再是十个小国,而是一个共同进退的整体,犹如一个躯体一样,虽然由各个不同的器官构成,但是在考虑事情时始终都是以一个整体存在。东盟作为一个整体,已经成为中国周边外交优先方向和"一带一路"建设重点地区。中国一直高度重视与东盟合作。而对于东盟来说,得到像中国这样的大国支持,对其自身发展也是有极大益处的。

回顾中国与东盟的关系的发展历程,过程并不一帆风顺。东南亚国家在成立东盟之时,中国无论是在经济还是军事实力上都远超他们,国土面积更是比整个东南亚还要大,这些国家对此深深感到威胁。因此,东盟长期以来与中国都是处于敌对的状态,尤其是东盟部分成员国还与中国存在南海纠纷,这让原本就复杂的关系变得更为微妙。可以说,东盟成立的初衷正是为了规避像中国这样的大国所带来的威胁,因而一开始中国和东盟的关系处于对立状态。20世纪70年代,世界格局发生了变化,东盟也有了一定的发展。随着中国改革开放政策的实施,东盟中的部分成员国开始与中国建立合作关系。这时候形成的合作仅仅是局限在国家之间，东盟还没有准备好接受中国，这种状态在冷战结束后才有所改观，东盟开始尝试与中国发展合作关系。

中国与东盟的第一次会晤是在1991年举办的东盟外长会议上，这次会晤开启了双方之间的正式对话。1993年中国正式与东盟建立合作关系，随着双方合作的加深，中国逐渐取得了东盟的信任，在区域合作中所扮演的角色也得到了认可。但部分成员国对中国仍持有怀疑态度，认为中国是一个潜在的威胁，因此迟迟没有开展外交活动。实际上，在很长时间内，中国与东盟的初期合作都饱受这种"中国威胁论"的困扰。中国自己深知这种说法子虚乌有，完全是其他国家的中伤；但这也或多或少影响了东盟成员国对中国的信任。对此，中国一直坚持通过和平共赢的发展方式与东盟共同发展，争取更多的信任，降低东盟成员国对中国的猜忌。

在处理南海问题时，为了维护中国树立的良好形象，中国提出"搁置争议、共同开发"的提议，有效地解决了南海冲突，实现了利益共赢的局面。除此之外，中国还积极与东盟成员国开展更多领域的合作，弱化成员国对中国的偏见，逐个攻破中国与成员国之间的隔阂，让他们正视中国的崛起。随着中国与东盟开展的活动逐渐增多，深度也有所提高。中国受邀出席东盟举办的第一届东盟地区论坛，成为该论坛第一个与会国，可见东盟对中国的重视程度。1997年发生的金融危机是中国与东盟联合对抗非传统安全的一个经典案例，也使中国与东盟的合作达到了一个新高度。中国在保持汇率不变的同时为东盟成员国提供财政支持与金融服务，此举获得了东盟的信任，更为后续合作创造了条件。

而后，东盟与中国在经济、社会、文化、政治、安全等多个方面的合作中逐渐完善了合作机制，中国参与了绝大多数的会议及文件的签署，中国与东盟从接触到现在开展了许多关键性合作，与东盟成员国分别签署了双边合作协议，所涉及的内容包括东盟面临的所有问题。为了保证中国可以与成员国实现更为自由的贸易往来，中国提议在原有的自由贸易区基础上建立中国—东盟自由贸易区，也获得了东盟的肯定。2004年，中国陆续开展"早期收获计划"与"货物贸易协议"，这两项政策全部是围绕税收方面开展的双方合作，让东盟成员国可以提前享受税收减免政策。双方后续签订的《中华人民共和国与东南亚国家联盟成员国政府全面经济合作框架协议服务贸易协议》和《中华人民共和国与东南亚国家联盟成员国政府全面经济合作框架协议投资协议》两份文件打破了禁锢双方经济合作的所有限制，双方的经济合作实现完全自由，具有更大的灵活性，为自由贸易区的建立提供了有利条件。

而在科技、教育、旅游、媒体、民间交流等方面，中国与东盟的合作都有较为成功的案例，如中国东盟教育培训中心、旅游合作论坛、民间合作计划等。截至目前，中国与东盟的正式合作已近30年，在中国与东盟自由贸易区的背景下，双方的经贸合作有显著的提升，这些合作更多地是满足了东盟成员国的最大利益，促进了他们的发展；在东盟决定开展共同体构建及后期加速建设时，中国更是积极配合东盟开展相应的工作，在合作机制、合作领域与合作方式上都给予了百分百的支持，甚至直接为东盟提供资金支持。

可以看到，中国对由东盟主导的多边合作是认可的、信任的，并持有积极的态度。即使在国际格局及地区现实情况发生了变化时，中国仍然是多边合作的积极支持者。这也实现了中国与东盟的全面对话伙伴关系和战略合作伙伴关系，使双方在经济、安全领域上的合作有了突破性的进展，也为解决南海问题提供了合作的契机，这是中国与东盟长期以来所期待的一个结果。总的来说，东盟与中国的合作可以被简化为四个过程：以邻为伴—开展合作—深入合作—全面对话伙伴。而《区域全面经济伙伴关系协定》（RCEP）于2020年11月15日在十五个成员国间得到正式签署，更是标志着中国与东盟的合作达到一个新高度，这是向"中国—东盟命运共同体"构想迈进的重要一步，也是实现最终人类命运共同体的一大步。

中国经常将与东盟开展的外交关系比作"经"与"纬",可想而知,经纬不可分离,那也意味着中国与东盟是不可分开的。中国的"中国—东盟命运共同体"构想,是实现人类命运共同体最终构建的重要一环,对于双方来说,也是实现共赢的重要路径。"中国—东盟命运共同体"在为中国找到一个忠实可靠的发展伙伴的同时,也为东盟开展东盟共同体的构建工作中找到了一个强有力帮手,从根本上符合双方的利益。随着"一带一路"倡议如火如荼地进行着,"中国—东盟命运共同体"乃至"人类命运共同体"的构建前景更是十分光明,尽管发展过程中不可避免地会有一些制约因素。本书将会对"中国—东盟命运共同体"的内涵进行进一步剖析,以期让读者对于这样一个熟悉又似乎有些陌生的命题有深入的了解。

第一章　共同体理论的形成与演变

　　"共同体"一词从出现发展到如今经历了数千年,古时候所谓的共同体与我们现在所定义的共同体有什么本质上的区别？东盟共同体又是基于什么样的理论被提出的？最近在全球被广泛热议的命运共同体又是什么？这一系列概念的形成对社会与国家的发展形成了何种影响？希望读者可以从本书中找到一些答案。

第一节　共同体概念

古希腊语中的"κοινωνία"(英文 koinonia),是被最早记录并可以理解为"共同体"的一个词语。"κοινωνία"的原意是指古时城邦设立的民间组织;由此可见,"共同体"并不是由亚洲国家发明的,而是在西方文明中慢慢发展演变成现在人们所理解的"共同体"。但最能代表古希腊时期"共同体"的当属"城邦"一词,这并不是对上述提到内容的否定,而是"城邦"具有更典型的现代意义。古希腊哲学家亚里士多德(Aristotle)曾在其《政治学》一书中提道:城邦是为了完成相应事情而形成的执政团体,在当时具有一定的社会属性。所以说,"共同体"在古希腊时期的定义被限定在因共同目的而聚集在一起的群体。发展到古罗马时期,西塞罗(Marcus Tullius Cicero)在其《论义务》一书中提及"communitas"一词,这便可以理解为当时的人们所认知的

"共同体";但《论义务》中并没有对"communitas"展开更为深入的探究,而是通过他的另一本著作《论法律》以宗教元素为前提进行了适当的阐述——人与神构成的一种社会形态。到了公元 6 世纪,"community"一词出现,成为代表"共同体"的专属名词,并被赋予了明确的概念:"依靠政治发育而建立起来的社会群体。"发展到 13 世纪后期,"共同体"的概念发生了一些变化,不再是社会群体,更多的是指通过公民意识而约定形成的聚集体,通俗地说就是具有相同意愿的人聚集在一起所组成的群体。此时的"共同体"是以"commune"来表达,这一观点在当时也得到了认可。通过这种方式所表达的"共同体"将其组成元素范围进一步扩大,为霍布斯(Thomas Hobbes)、洛克(John Locke)等带来了新思路,更是促进了"契约共同体"理论的提出。霍布斯与洛克等认为"共同体"应该具有更大范围的含义,不应以某一种简单的区域性公民意愿而存在,其目的是作为民众与政府抗争的工具,并以此从国家获得更多的利益。因此,他们所认为的"共同体"更多的是代表着维系群众以实现区域安全的一个标志。由此可见,经过几个世纪的发展,西方的共同体普遍具有一个共同点,即都是在特定的范围内,由于类似的活动或者意愿而达成共识,实现所谓的"共同体",最终实现共赢的局面。随着世界经济快速发展,个人利益相对弱化，国家的综合实力变成了世界发展的主要推进力，"共同体"也从原来区域的范围扩展到了多个国家，各国之间为了达成一定利益或者合作，选择联合为一个整体发展。德国学者费迪南·滕尼斯（Ferdinand Toennies）是近代史上第一位为"共同体"明确概念的人，他认为：共同体泛指一类人，这些人在价值观、生活观上具有一定的相似性，更容易相互信任、认同并尊重彼此，通过联合在一起实现相同目标；这种现象的出现不是社会发展等级的划分，更多是由于文化、地域及血缘关系所形成。20世纪中叶，捷克学者卡尔·多伊奇（Karl W. Deutsch）则认为这样描述共同体有所不当，作为战后国际关系理论学代表人物，卡尔·多伊奇更多是以区域安全为出发点对"共同体"进行定义。这样一种前卫、创新的观点更容易获得大家的认同，也与我们所了解到的"共同体"更加相似：在特定的区域内，具有相似意识及目标人群形成各区域的一体化，并间接完善了区域内的制度与惯例，这些制度与惯例则是保证区域长期和平稳定的基础。

从"共同体"概念的演变历程可以看出，在不同的时期，"共同体"都具有它特殊的含义，虽然是由不同的形式所表现，但是最终的目的都指向了一处。所以不能简单地说"共同体"只是一群聚在一起的民众，而应该是那些具有类似或相同目的、拥有共同目标的个体所形成的一个整体，其影响力远远超过个体之和。共同体可以是一种血缘共同体，可以是农业共同体，也可以是一种生态共同体等。共同体可以是一种包容性的、兼容性的和灵活性的共同体。因此，本书将"共同体"定义为：由两个或两个以上具有独立意识及行动能力的个体，由于地理位置、宗教信仰、经济发展等原因，通过活动与交流的联合建立公共意识、实现利益最大化，进而建立的一个联合机构，该机构对参与其中的各成员国进行管理。

第二节 东盟共同体概念

"东盟共同体"从字面的意思可以理解为东南亚国家联合成为一个整体,参与的国家共有十个,分别为:文莱、印度尼西亚、柬埔寨、老挝、缅甸、马来西亚、菲律宾、泰国、新加坡和越南。东盟成立之初只有三个成员国,在发展过程中,其他国家陆续加入进而形成了今天大家所熟知的"东盟十国";这些国家由于地理位置、宗教信仰、经济发展等原因存在着相互依存、互惠互利的关系,其中也存在冲突。因此,东盟共同体的构建目的之一就是实现各个地区的和平发展,进而促进各成员国的社会文化与经济发展;所以东盟又将共同体的构建工作分成经济、社会文化与政治安全三个部分,东盟希望通过相应的构建实现各成员国乃至整个地区的和谐发展。

20世纪90年代末的金融风暴席卷全球,东南亚国家更是损失惨重，东南亚国家意识到单独个体无法独善其身。进入21世纪，作为世界强国的美国竟然也遭受了"9·11"这样的恐怖袭击，这一事件也冲击了整个东盟。更为重要的是中国快速崛起，经济发展飞速，给东南亚的发展也带来了机遇和挑战。这一系列事件的发生，让东南亚国家发现世界并不是那么安全，自己在国际舞台的影响力更是微乎甚微。如何改变这些问题，是东南亚各国长期面临的难题——希望提高影响力，但是又不想成为他国的附庸，在充分认识到这些现实后，东南亚各国希望建立联盟加强团结，采取一致对外的形式在保护地区安全的同时助推各成员国快速发展。因此，东盟共同体在这种需求下诞生。目前，东盟共同体的构建主要从三个方面展开，其中政治安全是东盟发展最为重要的一个部分，是保证东南亚地区稳定、成员国之间开展经济与社会文化合作的关键，但能否实现也要依赖于另外两个方面的构建情况，政治安全与社会文化的顺利开展保证了后期的经济基础与成员国之间的互信。东盟各成员国有着相似的历史文化，但又有所区别，经济发展更是大相径庭。在这样的前提下，各国都希望以保护本国的利益为首要目标，因此，东盟共同体的发展受到一定的制约。

可查证的"东盟共同体"资料最早出现在1994年东盟举办的峰会上，此时的东盟只有六个国家。在会议上，各国秉承"统一、开放、平衡、能力"四个基本原则签署了有关东盟共同体的构建文件。这一文件,提出了东盟共同体的性质与发展方向,也成为首份具有指导性意义的纲领性文件。《东盟2020愿景》中强调,东盟将整个东南亚地区看作一个统一的整体,这个整体对自身有着清晰的认知,并将地区认同作为实现共同体构建的基础。在后续签订的《东盟第二协议宣言》中对东盟共同体的构建目标进行了明确部署,并强调构建中的三个部分相辅相成、缺一不可。《东盟第二协议宣言》的签署直接影响了东盟的未来发展动向,特别是在东盟第九次首脑会议以后,可以看出东盟共同体的构建步伐明显加快。不过,该宣言仅仅是制订了东盟共同体的发展计划,针对每个部分并没有详细的阐述。2004年召开的东盟首脑会议则针对宣言中所有内容进行了详细分析,对东盟共同体的构建内容、领域、目标、问题及措施都有提及,并记录在《万象行动计划》中。此外,宣言重点强调了东盟在构建社会文化共同体时应注意对各成员国东盟意识的培养,并希望在此基础上建构一个成功的地区组织,提高东盟作为整个区域的代表在国际舞台的影响力与权威性,实现保护东南亚各成员国及地区稳定的重任。同时也提及,这一过程也会面临诸多的不确定因素,因此需要东盟组织以及各成员国从多方面一起努力,方可实现这一目标。

从东盟的成立到后期成为比较成功的区域组织，如何定义东盟——即东盟到底是一个什么样的组织，一直未有确切答案。这个问题各国学者一直没有达成共识，因为出发点不同，对这一组织属性的理解也有所区别。中国学者杨丽艳教授认为东盟属于区域性的国际组织，这样的划分主要是从国际法的角度开展分析的。这样的划分有两个决定性因素，一个是东盟各成员国的地理位置与文化属性具有一定的相关性，以及各国在发展过程中签署的一系列法律文件；二是东盟具备了国际经济组织的法律特征。中国也有部分学者认为东盟是区域性的国际组织，这主要是因为东盟为东南亚国家提供了一个重要的平台，各成员国通过这个平台开展多方面合作。英国学者迈克尔·利弗（Michael Leifer）则认为东盟是一个政府间的组织，仅仅适用于国家间的合作洽谈，没有欧盟那样的雄心与抱负。

实际上，这些观点都是正确的。东盟是一个综合性组织，从最初的成立到后期发展，东盟通过协调各个成员国的权益及与观察国之间的合作，可以将东盟定义为国际区域性组织；其主要目的就是推动整个东南亚地区的经济发展，加强国家间的社会文化合作，实现最终的政治合作。因为《东盟宪章》明确规定各成员国须享受原有的主权与平等，确保所有国家的独立自主与相互尊重；《东盟宪章》虽然是推动东盟构建的法律性文件，但对东盟成员国没有强制性条款，东盟所做的任何决策均需要进行协商，在尊重各成员国的同时实现更宽泛的合作。由于在地理位置、经济类型、社会文化等方面具有类似性，因此这些成员国之间更容易达成某种共识，如签订的《东盟共同体路线图宣言（2009—2015）》《东盟经济共同体蓝图》《东盟共同体总体规划》等文件及构建的自由贸易区都是很好的证明。因此，东盟既是区域性组织也是国际性组织，只不过是在不同区域扮演的角色不同而已。

第三节　命运共同体概念

命运共同体，又称人类命运共同体，中国国家主席习近平2013年在俄罗斯莫斯科国际关系学院向世界提出，呼吁国际社会树立"你中有我、我中有你"的命运共同体意识。

2013—2015年，习近平主席在国际国内不同场合多次提到"命运共同体"概念，并先后创造性提出了"中非命运共同体""中国—东盟命运共同体""亚太命运共同体""中拉命运共同体"等具体理念。"命运共同体"概念提出之初即在海外引起积极反响。从这段时间国际主要媒体及智库发表的言论可以发现，包括美国等西方舆论在内，国际社会已经普遍意识到该理念具有全新指导意义和适用价值。俄罗斯国际事务理事会主任安德烈·科尔图诺夫（Andrey Kortunov）认为："习近平主席的'命运共同体'理念所体现的长远眼光和宏大目标给人留下深刻印象。这一理念体现了对世界大势的清醒判断和对未来走向的准确把握。"法国巴黎第八大学中国问题专家皮埃尔·皮卡尔认为:"这一理念体现了中国促进人类和平与发展的态度,'构建命运共同体'理念对于全球发展具有非常重要的意义。"

"命运共同体"超越单边的霸权稳定论,倡导构建持久和平的世界。查尔斯·金德尔伯格(Charles P.Kindleberger)等人主张"霸权稳定论",强调打造一个无所不能的超级大国来统领国际事务,由单一大国输出秩序和安全,国际社会将会因为霸权国家的统治而变得稳定。而在现实中,"命运共同体"主张以对话协商形式解争端、化分歧,在政治层面倡导相互尊重、平等协商,坚决摒弃冷战思维和强权政治,走对话而不对抗、结伴而不结盟的国与国交往新路。"命运共同体"强调国与国之间地位的平等性,注重维护弱国、小国的权利,坚持多边主义,开创大国之间、大国与小国之间的交往新路,致力于建设一个持久和平的世界。

"命运共同体"超越片面的单边安全观,倡导构建普遍安全的世界。在全球化时代,各国安全是相互关联、彼此影响的,单独一国安全的取得,需要国际主体的共同建设。"命运共同体"强调坚持以对话解决争端、以协商化解分歧,统筹应对传统和非传统安全威胁,反对一切形式的恐怖主义,反对冷战思维和零和思维,是对大国沙文主义和孤立主义的双重否定，同时倡导营造公道正义、共建共享的安全格局，致力于建设一个普遍安全的世界。

"命运共同体"超越狭隘的个体利益观，倡导构建共同繁荣的世界。命运共同体思想在经济层面倡导的是"要同舟共济，促进贸易和投资自由化便利化，推动经济全球化朝着更加开放、包容、普惠、平衡、共赢的方向发展"。"人类命运共同体"反对较为单一的全球经济治理主体、反对全球经济公共产品的无效供给、反对日趋抬头的贸易保护主义，呼吁全球经济治理体制变革，倡导各国主动承担责任，主张构建开放型世界经济，致力于建设一个共同繁荣的世界。

在西方主导的经济全球化中，广大发展中国家受限于自身的经济基础、基础设施水平、治理水平等因素，获益不多甚至自身利益受到损害。如任其恶化，不仅会引起地区动荡，更会演变成全球危机。实际上，发展与安全相辅相成，落后与失衡是许多国家和地区动荡的根源，动荡又加剧了这些国家地区的落后。"命运共同体"理念所倡导的合作共赢、共同繁荣，正是致力于加强国家之间的政策协调和产业合作，扩大贸易、加强投资，共享经济发展的红利，以消除落后贫穷之"本"，化解动荡不安之"源"。

当前世界饱受霸权主义和强权之苦，众多发展中的中小国家在国际问题上缺乏发言权，无从表达自身利益和诉求。

同时，非传统安全风险在不断攀升，仅靠一国力量已经不能确保自身的安全。"命运共同体"理念强调国家之间平等协商、平等对话、平等相待，不搞对抗和结盟，而是建立相互尊重、互利共赢的伙伴关系，超越传统的零和思维和强权逻辑，构建国际关系新模式。在处理各类非传统安全挑战时，则强调共享共建、普遍安全的理念，通过增进互信、加强协调、协商合作，最终实现共同安全、可持续的安全。

"命运共同体"理念既是高屋建瓴的总体设计，也是直面问题的解决措施。在当今世界，无论是推动世界发展、维护全球安全，还是应对气候变化、打击恐怖主义，都需要在具有全新智慧的顶层设计下具体落实推进。"命运共同体"理念以其富于智慧的丰厚内涵，提供了解决全球重大议题的关键钥匙。"命运共同体"理念更凝聚了全球共同愿景：在世界面临百年未有之大变局之际，各国普遍求安全、求发展、求稳定，向往美好生活，向往国家与世界"良治"。

第二章　东盟与东盟共同体

东南亚国家联盟(Association of Southeast Asian Nations)，简称东盟(ASEAN)。成员国有马来西亚、印度尼西亚、泰国、菲律宾、新加坡、文莱、越南、老挝、缅甸和柬埔寨。

东盟成立时间较长，但因为缺少指导性文件或文件执行力较差导致其发展相对缓慢，最主要的原因也可以归结为东盟成员国之间的不团结，但在东盟及其成员国遭遇一系列危机后逐渐醒悟，提议构建东盟共同体，这也是东盟一个新的开端。

第一节　东盟十国

一、泰国

泰王国，简称泰国，位于中南半岛中南部，实行君主立宪制。泰国西部与北部和缅甸、安达曼海相邻，东北是老挝，东南是柬埔寨，南边狭长的半岛与马来西亚相连。泰国旧名暹罗，1949年5月11日，泰国人用自己民族的名称，正式定名泰国，主要取其"自由"之意。泰国是佛教之国，佛教徒占全国人口的九成以上。

泰国是东盟创始国和成员国之一，同时也是亚太经合组织、亚欧会议和世界贸易组织成员国。泰国实行自由经济政策，在20世纪80年代经济发展较快，跻身"亚洲四小虎"之一，但于"1997年亚洲金融危机"中严重受挫，之后陷入衰退。目前泰国是世界新兴工业国家和世界新兴市场经济体之一，其制造业、农业和旅游业是国内生产总值的三个主要行业。泰国是亚洲唯一的粮食净出口国，世界五大农产品出口国之一；电子工业等制造业发展十分迅速，产业结构变化明显，汽车业发展为支柱产业，泰国已成为东南亚汽车制造中心和东盟最大的汽车市场；旅游业对国民经济也作出了突出贡献，泰国已发展为世界著名旅游胜地之一。

二、马来西亚

马来西亚，简称大马。马来西亚被南中国海分为东、西两部分。西马位于马来半岛南部，北接泰国，南部隔着柔佛海峡，以新柔长堤和第二通道连接新加坡；东马，位于加里曼丹岛北部，南部接印度尼西亚的加里曼丹，文莱国则夹于沙巴州和沙捞越州之间。

1957年8月31日，联盟主席东姑阿都拉曼宣布马来亚联合邦独立。1963年9月16日，马来亚联合邦同新加坡、沙巴及砂拉越组成马来西亚。1965年8月9日，新加坡退出马来西亚。马来西亚首都为吉隆坡，联邦政府则位于布城。马来西亚是东盟的创始国和成员国之一，环印度洋区域合作联盟、亚太经合组织成员国、英联邦、伊斯兰国家会议组织和不结盟运动的成员国。

20世纪八九十年代，马来西亚的经济高速增长，为

"亚洲四小虎"之一；马来西亚已成为亚洲地区引人注目的多元化新兴工业国家和世界新兴市场经济体，旅游业是马来西亚的第二大外汇收入来源，知识经济服务业也在同步扩张。

三、菲律宾

菲律宾共和国，简称菲律宾，是东南亚一个多民族群岛国家，人口1.08亿；北隔巴士海峡与中国台湾省遥遥相对，南和西南隔苏拉威西海、巴拉巴克海峡与印度尼西亚、马来西亚相望，西濒南中国海，东临太平洋。总面积为29.97万平方千米，共有大小岛屿7000多个，其中吕宋岛、棉兰老岛、萨马岛等11个主要岛屿占全国总面积的96%。

菲律宾是东盟主要成员国，也是亚太经合组织的成员国之一。菲律宾为发展中国家、新兴工业国家及世界的新兴市场之一。菲律宾奉行独立的外交政策，目前已与126个国家建交。重视同美国、中、日等国的关系，并积极推动东盟内部合作，发展同伊斯兰国家的友好关系。

菲律宾发展出口导向型经济，对外部市场依赖较大。第三产业在国民经济中地位突出，农业和制造业也占相当比重。在杜特尔总统执政后，虽然本国经济保持高速增长，但仍面临通货膨胀高企、政府财政不足等问题。

四、印度尼西亚

印度尼西亚共和国，简称印度尼西亚或印尼。印度尼西亚由约 17508 个岛屿组成，是全世界最大的群岛国家，疆域横跨亚洲及大洋洲，别称"千岛之国"，也是多火山多地震的国家，首都为雅加达。与巴布亚新几内亚、东帝汶和马来西亚等国家接壤。

印度尼西亚人口 2.62 亿，仅次于中国、印度、美国，居世界第四位。印尼是东盟创始国之一，也是东盟最大经济体。印尼群岛自公元 7 世纪起即为重要贸易地区。印尼当地统治者吸收外国文化、宗教及政治形态，曾出现兴盛的佛教及印度教王国。穆斯林商人带入伊斯兰教，欧洲势力则带来了基督教，并于地理大发现后垄断摩鹿加群岛的贸易；经历了 350 年的荷兰殖民统治后，印尼至"二战"后宣告独立。

印尼奉行独立自主的积极外交政策，在国际事务中坚持不干涉内政、平等协商、和平解决争端等原则。印尼是万隆会议十项原则的重要发起国之一，是二十国集团、亚非新型伙伴关系、七十七国集团、伊斯兰会议组织等国际/地区组织的倡导者和重要成员。印尼坚持以东盟为"贯彻对外关系的基石之一"的原则，在东盟一体化建设和东亚合作中发挥了重要作用；同时坚持大国平衡原则，与美国、中国、日本、澳大利亚以及欧盟等世界主要力量保持友好关系；主张多边主义,注重维护发展中国家利益,积极参与千年发展目标、联合国改革、气候变化、粮食能源安全、世贸组织谈判等;借助"民主温和穆斯林"的国家形象,积极沟通伊斯兰与西方世界,在一些地区和国际问题上发挥独特作用。

五、新加坡

新加坡共和国,简称新加坡,旧称新嘉坡、星洲或星岛,别称狮城,是东南亚的一个岛国,实行议会共和制。新加坡位于马来半岛南端、马六甲海峡出入口,北隔柔佛海峡与马来西亚为邻,南隔新加坡海峡与印度尼西亚相望,国土除新加坡岛之外,还包括附近63个小岛。

新加坡是一个多元文化的移民国家,在保留各民族传统文化的同时,鼓励向新加坡统一民族文化不断演变。新加坡以稳定的政局、廉洁高效的政府而著称,是全球最国际化的国家之一。

新加坡是东盟成员国,也是世界贸易组织、英联邦以及亚太经合组织成员国。新加坡突出经济外交,积极推进贸易投资自由化,已与多国签署双边自由贸易协定。倡议成立了亚欧会议、东亚—拉美合作论坛等跨洲合作机制。

六、文莱

文莱达鲁萨兰国，简称文莱，是一个君主制国家。苏丹在文莱独立时宣告文莱是一个"主权、民主和独立的马来伊斯兰君主国"。

文莱位于亚洲东南部，加里曼丹岛西北部，北濒南中国海，东南西三面与马来西亚的沙捞越州接壤，并被沙捞越州的林梦分隔为东西两部分。海岸线长约161千米，有33个岛屿，总面积为5765平方千米。属热带雨林气候。文莱国家财政收入主要依赖石油和天然气出口，非油气产业均不发达，有制造业、建筑业、金融业及农、林、渔业等。

文莱奉行不结盟和同各国友好的外交政策。主张国家无论大小、强弱，都应相互尊重。1993年12月9日加入关贸总协定，1994年4月15日成为世界贸易组织成员国。1984年2月24日加入联合国。1984年1月7日成为东盟第六个成员国，视东盟为外交基石，主张通过东盟实现地区稳定、繁荣与团结，与东盟各国关系密切。2006年7月至2009年7月任中国—东盟关系协调国。系亚太经合组织和亚欧会议成员，重视维护地区和平、安全与稳定，对区域经济合作持积极态度，主张各国实行贸易、投资自由化和开展经济技术合作。文莱政府认为近年来国际形势的变化对国际关系产生了深刻影响，联合国和地区组织应在维护和平、保持稳定与促进发展中发挥作用；支持联合国改革，希望通过改革加强联合国的地位和作用，提高联合国的效率和活力，认为安理会改革应多倾听中小发展中国家的声音，增加发展中国家的代表性。重视同中国、美国、日本等大国的关系，积极发展同伊斯兰国家的关系，是伊斯兰会议组织成员国。系英联邦和不结盟运动等国际组织成员国。

七、柬埔寨

柬埔寨全名柬埔寨王国，通称柬埔寨，旧称高棉，位于中南半岛，西部及西北部与泰国接壤，东北部与老挝交界，东部及东南部与越南毗邻，南部则面向暹罗湾。柬埔寨领土为碟状盆地，三面被丘陵与山脉环绕，中部为广阔而富庶的平原，占全国面积四分之三以上，境内有湄公河和东南亚最大的淡水湖——洞里萨湖（又称"金边湖"），首都金边。

柬埔寨是一个历史悠久的文明古国，早在公元1世纪就建立了统一的王国。20世纪70年代开始，经历了长期的战争。1993年，随着国家权力机构相继成立和民族和解的实现，柬埔寨进入和平与发展的新时期。柬埔寨是东盟成员国，经济以农业为主，工业基础薄弱，依赖外援外资。

柬埔寨实行议会制君主立宪制，实行自由民主制和自由市场经济，立法、行政、司法三权分立；奉行独立、和平、永久中立和不结盟的外交政策，反对外国侵略和干涉，在和平共处五项原则基础上，同所有国家建立和发展友好关系；主张相互尊重国家主权，通过和平谈判解决与邻国的边界问题及国与国之间的争端。柬埔寨新政府成立后，确定了融入国际社会、争取外援发展经济的对外工作方针，加强同周边国家的睦邻友好合作，改善和发展与西方国家和国际组织的关系，以争取国际经济援助。

八、越南

越南社会主义共和国，是亚洲的一个社会主义国家。位于东南亚中南半岛东部，北与中国接壤，西与老挝、柬埔寨交界，国土狭长，面积约33万平方千米，紧邻南海，海岸线长3260多千米，是以京族为主体的多民族国家。

越南为发展中国家。自1986年实行革新开放以来，经济保持较快增长，经济总量不断扩大，三产结构趋同协调，对外开放水平不断提高，基本形成以国有经济为主导、多种经济成分共同发展的格局。

越南实行开放、全方位、多样化的外交政策，重视发展同周边国家和大国的关系，积极参与地区和国际事务，对外工作重点是"融入国际社会、搞好周边关系、妥善处理大国关系"。积极开展对外交往，地区和国际地位日益提高。

2006年成功举办APEC领导人非正式会议，2007年被世贸组织接纳为第150个成员，被亚洲国家推举为2008—2009年任期联合国安理会非常任理事国亚洲唯一候选国。

九、缅甸

缅甸联邦共和国，简称缅甸，西南临孟加拉湾和安达曼海，西北与印度和孟加拉国相接，东北与中国毗邻，东南接泰国与老挝；首都为内比都。缅甸自然条件优越，资源丰富；农业为其国民经济基础，产值占国民生产总值四成左右，主要农作物有水稻、小麦、玉米等。

缅甸奉行"不结盟、积极、独立"的外交政策，按照和平共处五项原则处理国与国之间的关系，不依附任何大国和大国集团，在国际关系中保持中立，不允许外国在缅驻军，不侵犯别国，不干涉他国内政，不对国际和地区和平与安全构成威胁，是和平共处五项原则的共同倡导者。1988年军政府上台后，以美国为首的西方国家对缅实施经济制裁和贸易禁运，终止对缅经济技术援助，禁止对缅进行投资。1997年加入东盟后，与东盟及周边国家关系有较大发展。缅政府近年来积极推进民族和解，与西方国家关系逐步缓和。

十、老挝

老挝全称老挝人民民主共和国，是中南半岛北部的一个内陆国家。1953年老挝王国正式独立，1975年12月2日成立老挝人民民主共和国。老挝也是世界最不发达国家之一，于1997年7月加入东盟。

老挝以农业为主，工业基础薄弱，以锯木、碾米为主的轻工业和以锡为主的采矿业是最重要的经济部门。老挝也是东南亚地区的两个社会主义国家之一，另一个国家为越南。

老挝奉行和平、独立和与各国友好的外交政策，主张在和平共处五项原则基础上同世界各国发展友好关系，重视发展同周边邻国关系，改善和发展同西方国家关系，为国内建设营造良好外部环境。2016年老挝人民革命党"十大"重申继续坚持"少树敌、广交友"的外交政策，保持同越南的特殊团结友好关系，加强与中国全面战略合作，加强与东盟国家睦邻友好，积极争取国际经济和技术援助。

第二节　东盟的成立与发展

东南亚是一个极其复杂的地区，这里的国家不仅在历史与文化上有着诸多的共性，在近代发展史上也有着相似的经历。经过多年的被殖民统治后，东南亚国家逐渐独立，迫于外部压力也开始寻求内部合作。

东盟并不是东南亚国家首次开展的联盟合作，在此之前各成员国也曾多次成立合作组织和联盟，但都持续不长或形同虚设，因此，各成员国对这种形式的联盟也没有抱很大的希望。但随着地区主义的发展，东南亚的发展速度也有所提升，这为后期东盟成立起到了一定的铺垫作用。东盟的正式成立彻底改变了国际格局，东南亚国家以地区性国际组织的形式在国际上发挥影响力，协调各成员国与地区的利益，保障地区的安全。此时东盟的主要目的就是将这些成员国紧密地联系到一起，让它们意识到团结与整体的力量，让外界了解东盟是一个密不可分的联合体,这也为东盟后期所打造的东盟命运共同体奠定了一定基础。

东盟作为东南亚地区成功的区域性组织,在不断发展的过程中已经将东南亚国家全部吸纳进来,构成了覆盖整个东南亚地区的较为成功的区域性组织。东盟自成立以来,在政治、经济与文化领域发挥着重要作用,在权衡各成员国的利害关系时,还要保证各国之间的和谐稳定发展。虽然东盟在成立时将重心放在经济发展与社会文化方向,担心过多涉及他国主权会影响东盟的发展,因此在合作中均是将政治安全问题弱化,但是从实际情况来看,政治安全合作是东盟长期以来的工作重点。东盟前期主要开展经济、文化领域的合作,安全合作显得有些落寞,但是所取得的成绩是有目共睹的;这也刚好符合东盟成立的初衷,保护东南亚国家和平发展。新加坡首任总理李光耀认为:东盟并不是如其长期宣言所言希望通过各成员国的合作实现社会稳定进步、经济发展这些目标,其成立的主要原因是借助集体的力量实现一致对外、保护地区和平,政治战略意义更为浓厚一些。

东盟成立时东南亚地区格局发生了巨大变化,反政府势力与民族矛盾等问题深深困扰着地区各国,此时随着英国与美国两大强国的撤离,该区域国际环境也有所变化,苏联对东南亚地区更是虎视眈眈,在这样紧急的形势之下,东盟的出现可以说是顺应时势发展的必然结果，满足了当时东南亚各国的需求。东盟各成员国抛开了对彼此的成见，对内和平发展，对外共同御敌，成功维护了东南亚地区的长期稳定。

目前，东盟主要组织机构有东盟峰会、东盟协调理事会、东盟共同体理事会、东盟领域部长会议、东盟秘书长和东盟秘书处、东盟常驻代表委员会、东盟国家秘书处、东盟政府间人权委员会、东盟附属机构（包括各种民间和官方机构）。其中，东盟峰会是东盟最高决策机构，会议每年举行两次，就东盟发展的重大问题和发展方向做出决策，主席国由成员国轮流担任。

在对外关系方面，东盟积极开展多方位外交。自1978年开始，东盟各国每年与其对话伙伴（时为美国、日本、澳大利亚、新西兰、加拿大、欧盟，后相继增加韩国、中国、俄罗斯和印度）举行对话会议，就重大国际政治和经济问题交换意见。1994年7月，东盟倡导成立东盟地区论坛（ARF），主要就亚太地区政治和安全问题交换意见。1994年10月，东盟倡议召开亚欧会议（ASEM），促进东亚和欧盟的政治对话与经济合作。1997年，东盟与中、日、韩等共同启动了东亚合作，之后东盟与中日韩（10+3）合作、东亚峰会（EAS）等机制相继诞生。1999年9月，在东盟的倡议下，东亚—拉美合作论坛（FEALAC）成立。

近年来，美、日、韩、澳等主要域外国家不断加强与东盟关系。2009年7月，美国与东盟签署《东南亚友好合作条约》。2009年，日本提出"亚洲经济倍增倡议"，对以东盟为主的亚洲发展中国家提出包括官方发展援助、贷款保险、贸易融资担保、环保投资倡议等共约700亿美元援助计划。韩国于2009年6月举行了纪念与东盟建立对话关系20周年特别峰会，宣布东盟—韩国自贸区将于2010年1月正式启动。2009年，澳大利亚、新西兰与东盟签署自贸区协议，2012年1月正式生效。2009年，印度与东盟签署了货物贸易领域自贸协定，并于2010年1月开始实施，但针对服务贸易和投资自由化的谈判一直没能取得重大进展。2011年11月，东盟提出"区域全面经济伙伴关系（RCEP）"倡议，旨在构建以东盟为核心的地区自贸安排。自2012年以来东盟对外关系极其活跃。依托亚欧会议、东亚峰会，与美国、中国、俄罗斯、印度、日本、澳大利亚等国展开频繁互动，彰显了东盟的外交魅力。从外交层面看，2012年东南亚国际地位得到空前提高，可以说是国际政治与世界经济进一步向太平洋地区转移的缩影。基于这一发展趋势的战略判断，各大国开始重新审视和实施亚太战略，进而出现了各国高官频繁到访东南亚、各种东盟区域合作组织进一步推进的局面。具体而言，2012年东盟国家加深了与美国、中国、欧盟、日本、俄罗斯、印度、澳大利亚等国家和组织的关系。其中，东盟—美国、东盟—中国、东盟—欧盟的互动最引人关注。

第三节　东盟共同体的起源

一、东南亚多边机制的产生

全球快速发展的同时使整个世界格局出现了差异性，地区间发展产生不平衡，地区主义也呈现多种形式：部分地区以发展经济为主，部分地区以综合实力或军事联盟为主，因此形态各异。东盟之所以成为国际上关注度最高的地区性组织之一，主要原因是东南亚受到不同因素影响而形成了区别于其他区域性组织的地方特色，其中既可以看到地区主义潮流元素，也有美国等大国势力的因素，最后才是对自我的认知。"二战"后，地区组织在西欧、中东和非洲等地出现，这些组织的出现一方面加强了本地区内国家间的经济合作，扩大了本地区自己管理与解决地区内部事务的能力；另一方面在冷战背景下，以这些组织为代表形成一股地区性力量，冲击着美苏的霸权体制，成为影响当代国际关系发展的重要因素。1967年8月，东南亚五个国家联合创立东盟，主要原因是东南亚格局发生了巨大的变化，也展现了东南亚国家为维护地区和平与发展而表现出来的合作愿望。

20世纪四五十年代，此时的东南亚受到多方因素影响根本不具备形成地区主义的先天条件。在此期间，东南亚各国开展多次地区合作并希望可以形成东南亚的地区主义，如由联合国发起的"亚洲及远东经济委员会"、南亚与东南亚英联邦成员国发起的"科伦坡计划"及在印尼举行的亚非会议等。但是这些努力并没有取得预期的成效，究其原因主要是这些努力没有针对性从而无法落实。"亚洲及远东经济委员会"是由联合国发起成立的机构，严格上来说不是地区性组织，应该算是被任命的一个机构，如此对区域状况不了解的一个机构，如何能发挥真正的作用？此后，通过"科伦坡计划"实现东南亚崛起的希望也破灭了，并未见到任何实际的行动。万隆会议上领导人提出了有关亚非会议的十项原则，原则的制定仍然是以和平相处、友好合作为前提，会议期间还形成了"万隆精神"，旨在强调维护成员国之间的友谊与一致对外，尽管与会国在口头上赞成合作，但是它们实际上更加重视发展同西方大国的关系。所以，于60年代以前在东南亚谈论地区主义无论如何都是一种奢望。

60年代后期,东南亚与西方国家的关系面临着某种程度的政治安全问题,一方面反政府武装威胁着各国的稳定,另一方面这些国家之间存在的矛盾开始升级。最为典型的事件应属马来西亚与印度尼西亚有关沙巴主权的争端,两国甚至一度开展了长达三年的武装对抗。在此期间,菲律宾同马来西亚断交,新加坡成为独立国家,越南战争扩大,柬埔寨和老挝成为越战的一部分,泰国也受到战争的威胁等一系列因素让整个东南亚地区局势愈发紧张。所以在各国国内形势趋于稳定后,东南亚地区各国更愿意开展国际合作,这也让产生东南亚的地区主义有了新的希望。

1956年,菲律宾和马来西亚达成共识,提出东南亚联盟概念,并在1961年召开的曼谷会议上与泰国共同签署《曼谷宣言》宣告东南亚联盟正式成立,这也是东盟的前身。基于对当时政治环境的考虑,东南亚联盟成立的主要目的是希望通过联合的方式来抵抗"共产主义威胁——苏联势力",这也确定了这个地区性组织的性质是以安全为主的。东南亚其他国家没有加入该联盟,它们认为这是冷战的一部分。在东南亚联盟成立的时候,老挝成为东西方国际斗争的焦点,因为此时老挝是唯一一个西方国家还有部分掌控权的地方,老挝也因此成了西方国家进入东南亚的快速通道。在1963年老挝签署了中立化的日内瓦协议后,来自东南亚外部的威胁消失殆尽，这也让东南亚联盟存在的基础随之瓦解。同年，东南亚首次成立用于解决区域内部问题的组织——"马菲印多"(the Maphilindo)，这是东南亚地区首次为解决成员国与非成员国之间问题单独成立的一个地区性组织。虽然该组织的愿景很好，但是成立不久便因沙巴问题而搁浅直至被迫解散，这也导致了东南亚联盟的瘫痪。这两个组织虽然没有成功，但它们的建立可以理解为形成地区主义的初步尝试，为接下来的东盟积累了经验。虽然几次都没成功，但是东南亚各国已经逐渐意识到区域合作的重要性，并有意尝试开展这样的区域合作去解决问题。

1965年以后，除越南战争还在持续外，东南亚其他区域都进入了政治与经济稳定发展时期，国际合作也逐渐增多。印度尼西亚在苏哈托上台后，迅速调整了苏加诺时期的内外政策，在政治上倒向西方，经济上寻求西方的援助；西方国家则通过自己在东南亚地区的影响力促进印度尼西亚与其他依赖西方国家的成员国与非成员国的多方面合作。在这样的情况下，印尼终于结束了与马来西亚长期以来的僵局，并积极加入东南亚国家开展的地区合作。菲律宾新任总统马科斯对外交合作也抱有积极态度，开始与邻国开展友善合作，并于1966年同马来西亚建立了外交关系。可以看到，东南亚国家都在尝试改变与邻国及国际社会的关系，试图通过合作实现共赢，具有一定东南亚特点的地区主义逐渐形成。

1967年，印度尼西亚、菲律宾、马来西亚、新加坡和泰国在曼谷通过并发表了《曼谷宣言》，此次会议所取得的最重要成果便是东南亚国家联盟的正式成立，此时的成员国由最初的三个增加至五个，新加坡与印度尼西亚加入其中。根据宣言精神，东盟将地区合作作为"增强东南亚国家繁荣与和平"的基础，并提出东盟的宗旨是"通过各成员国的深入合作实现该地区经济的稳定增长、社会文化的快速发展及地区的长期稳定和平"等。东盟的成立表明，东南亚已由地理概念开始具备了国际政治经济意义，成为影响国际关系发展的重要行为体，从此掀开了东南亚历史发展新的一页。

二、建构集体安全与互信机制

集体安全用最通俗的话语可以表述为"团结就是力量"，如同蚂蚁一样，它们很少会单独行动；旨在开展联合合作对抗外部威胁，同时协调内部危机。将这一概念简单化理解就是指把每个成员国的安全视为整个集体的安全，这时，其他成员国都将会采取相应的行动一致对外，维护整个地区的安定。集体安全的概念是国家在面对安全困境迷茫无助时产生的，其主要目的便是寻找解决安全困境的道路。在目前的国际体系下，每个国家都希望以独立、高权威性的姿态出现在国际场合，但没有任何一个国家具有绝对的权威，在这一过程中的弱肉强食也体现得淋漓尽致——小国毫无话语权，即所谓的权威。因此，当两个国家发生战争时，没有某个国家可以强行制止，受侵略的国家只能依靠自己或自己的盟友进行反抗以保障自己生存。由此可见，自主成为国家保护自己的唯一途径，但又容易让其他国家感受到危机感。这一现象的最终结果就是全球范围内普遍不安全，所有国家都担心安全问题，集体安全共识应运而生。集体安全就是通过绝对优势震慑那些意图不轨的行为，并通过紧密合作实现集体权威最大化，构成合作型国际安全机制。这就是东盟所希望的建构东盟政治安全共同体来实现集体安全这一目标。但是东盟成员国之间由于地理位置、宗教及经济发展不均衡等原因，各成员国内部之间也存在着分歧，要实现集体安全，首先需要东盟各成员国之间相互认同并实现国家间的安全互信方可一致对外。

亚历山大·温特（Alexander Wendt）将认同分为个人/团体认同、类别认同、角色认同与集体认同四个循序渐进阶段。其中，前两个认同，可以大致认为是一个初级阶段，主要是根据最基本的属性进行区别；而后两个认同则层次更高，主要是行为体之间通过互动实现的认可。因此，行为体所处的阶段不同,也间接代表着行为体之间的不同关系。在如此复杂的国际关系中,所有国家的关系无非两种——敌对与朋友(不存在绝对的中立),而在温特看来,集体认同可以理解为志同道合的不同的群体,在所处相同的环境与背景下,彼此相互信任,在出现争端时也会积极采取和平的方式去解决,不会采用任何暴力手段。温特认为集体认同应该是认同中最高的级别,当一个地区达到这个阶段时,也便具备了实现其他目标的基本条件,共同体的构建也在这一范围之内。

学者阿德勒(Alfred Adler)和巴奈特(Thomas P.M. Barnett)认为共同体的产生一般都会经过"三个阶层",从初级形成的基本条件、中间级地区结构的改变,到最末级区域内互信与认同形成。这三个阶层每次的变化都意味着发生了质的变化,新条件催生着共同体的演变与升级,不断向更高的层次发展。由于政治安全共同体在地理范围上是一个跨国区域范畴,这些区域上各国自身也存在主权、边界等问题;各国之间无法轻易形成深厚的友谊且互相信任,因此需要时间的积累。最初只是开展一些基本的交流合作,随后发展为互惠互利,到后期的互相认同并进行深入合作,而政治安全共同体就是在这样相互信任的基础上形成集体认同,进而开展多层次的安全合作。上述学者的结论是,行为体之间由于所属的国际环境相同而更容易达成相互认同,因此,这也可以被认为是认同的一个条件。但是,在这里必须强调的是,这些互动并不是认同的唯一因素,互动的数量与质量也是重要的条件,这更有利于研究集体认同与互信机制建构的情况与前景。因此可以说东盟共同体的形成归根结底是东盟成员国形成了集体认同,各成员国针对集体安全达成了共识,在此基础上互相信任并为一个目标而一起努力。

第三章　东盟共同体的安全合作重点

自20世纪90年代起，安全问题逐渐成为世界各国关注的重点，但此时的安全问题已不再是简单的国家安全或国内稳定，而是指向更广、范围更大的一种总体形态的全称，政治、民族、军事、经济及环境等领域均包含在内。在东南亚地区，东盟早期将重心放在各成员国之间的民族纷争上，直至1997年金融危机的发生，东盟才发现非传统安全问题可以造成不可估量的损失，东盟也是从这时着手开展非传统安全领域的合作。此时的东盟意识到在处理很多问题时无法独善其身，更不可能通过单一国家的力量解决这些问题，必须要团结在一起方可实现更强大的合力，这一系列的因素将东盟各成员国紧紧地联系在一起。东盟开展非传统安全领域合作的时间并不长，但在合作领域与程度上已经超出预期。然而面临着层出不穷、变化无常的非传统安全问题，东盟未来的发展仍面临着严峻的挑战。因此对东盟而言，将安全领域合作作为未来发展重点可谓是挑战与机遇并存，需要另辟蹊径形成自己的特点方可取得最终胜利。

第一节　安全合作领域的选定

成立东盟是希望通过团结实现一致对外保护自身安全，但是此时各成员国由于刚刚摆脱殖民统治，无论从经济上或军事上仍需要大国的保护，情况较为复杂。在处理问题时又希望可以掌控所有的主导权，实现自我保护，这使得东盟在做决策及开展行动时无法做到收放自如，通过的政策在实践中又与理论相矛盾，可谓是困难重重。总的来说，此时东盟主要采取智取的方式来保全自己，以实现自身的安全和平。随着冷战结束，苏联解体及美军的撤离，国际形势发生了巨大变化，东盟后期开展的经济一体化、社会文化一体化让其自身实力有所提高，并达成共识建立多边合作机制。进入21世纪，非传统安全事件不断增多，东盟意识到可能存在的潜在危险，积极调整安全战略，通过大力开展对内与对外的多领域合作，形成前期、后期综合预防保护的合作模式，多维度维护东盟的稳定。

一、传统安全领域合作受阻

东盟长期以来针对传统安全采用的手段以双边与多边合作为主，同时双边合作多用于东南亚国家与欧美发达国家之间，而多边合作则更多用于东盟内部成员国之间，但无论哪种合作方式都是以维护地区和平为首要目标。与此同时，东盟还刻意发展了针对非政府机构的"第二轨道"外交，非政府人员可以通过个人身份参加一些论坛并提供自己的意见，这一举措有效地增加了各国之间的信任。因为各国人员均可以不受限制地与资深学者或者专家交流，虽然有些问题想得过于简单，但他们从实际出发，更能代表基层人民的心声，无论是对东盟自身的发展或东盟共同体的构建都有益无害。

此外，东盟成员国之间因为历史遗留问题与客观现实问题在安全领域的合作也不容乐观，各成员国均快速推进本国军事现代化进程也让彼此之间相互猜忌，担心自己成为别人的俎上肉，任人宰割。以上这些都是阻碍东盟传统安全领域合作的因素。最为典型的就是东盟成员国之间因为领土、主权与资源问题而造成的局势紧张，甚至发展为武装冲突，这些事件在东盟所有成员国之间都发生过，甚至不止一次；再者就是东盟因全球化加剧而感到不安，担心自己再次沦为别国的附庸,面临冲突、恐怖袭击及国内政治危机表现得心有余而力不足,各成员国纷纷加强本国军事实力构建。这一进程在三个方面表现得比较突出:一是东盟各成员国的国防支出均有大幅度增长;二是大量购置可以迅速提升国家综合实力的作战性武器;三是增强作战能力。东盟成员国在军事上展开各种行为既相互联系又相互牵制,既是竞赛也是保护国家安全的手段,但这些都导致传统安全领域合作受阻。蒂姆·赫胥黎(Tim Huxley)与阿查亚(Amitav Acharya)都曾指出,东盟各成员国之间在合作的同时也是一种竞争关系,如果不能很好地认清这样一种关系,那么东盟的发展将极其复杂,目前传统安全领域的合作就处在这样的尴尬节点。

领土主权是成员国之间无法退让的问题,但学者阿查亚认为,其实在种族、宗教、文化等方面也都对传统安全领域的合作提出了挑战,最明显的是新加坡和马来西亚的关系。1965年之前,新加坡只是马来西亚的一部分,随着新加坡宣布独立,两国的关系降至冰点,传统的安全合作无法实现两国关系的破冰;再加上新加坡与菲律宾之间存在民族问题,简单的双边关系已经无法化解这一难题。虽然东盟意识与地区认同是东盟长期推崇并希望借此解决问题的关键,但这只发生在官方层面上,民众对此并不买账,也拒绝接受。这也证明了东盟长期建构的区域一体化并没有实质性地存在，开展的各项合作都是在国家政治层面上展开，因此，遇到真正的问题时四处碰壁将不可避免。

东盟成员国之间无论是对领土、主权及文化等方面的理解都存在着一定自私性，更多的是考虑本国的利益。这样的情形多出现在两个国家之间，双方很难实现让步，东盟面对这样的问题也无从下手，不利于合作的开展。非传统安全领域合作则是针对这些问题以外的合作，可以从更为广泛的范围寻求新的合作机会。因此，未来非传统安全领域合作将成为东盟的重点。

二、非传统安全领域开展新合作

全球的快速发展及一体化程度的加深，也形成一系列世界性的连锁反应，核武器可能失控、恐怖主义威胁、全球性金融危机、黑市交易、网络犯罪、能源紧缺及生态恶化等问题接踵而至，世界各国人民都暴露在极大的威胁之下，单个国家面对这样的事件时也显得手足无措。由于这些问题和政治、军事完全不在一个范畴内，属于 21 世纪产生的新问题，因此被统称为非传统安全问题。

关于安全问题的国际关系研究，哥本哈根学派的巴瑞·巴瑞（Barry Buzan）应该是数一数二的代表人物，巴瑞在著作《新安全论》中认为政治无高低之分，安全可以分为很多类，每一类都应该是同等重要的，不应该根据形势判断安全问题的轻重。然而这样的观点并没有区分现在所定义的传统安全与非传统安全，但从巴瑞划分这些安全问题的依据来分析，或多或少可以看到早期有关安全问题的痕迹。传统安全往往是国家层面的问题，人控因素比较大，通常会有一些明显的征兆。首先，非传统安全问题相较传统安全问题具有更多的不确定性，即不知道何时、何地、以何种形态出现，行为主体更具有多样性。其次，非传统安全问题不受地理位置、区域限制，所造成的影响无法预估、范围更广，周期也相对较长。再次，非传统安全问题具有一定的聚变性，可能造成一系列的连锁反应，如若不能有效地控制，甚至可能演变为政治危机或全球危机。最后，非传统安全问题之间也是相互影响的，单独从一个角度观察时，或许可以看到一个明显问题，换一个角度观察则可能看到与之相关的另一个问题。因此，在处理非传统安全问题时应采用综合手段，需要循序渐进，切勿操之过急。

  非传统安全问题长期以来一直被人们忽视，因此对这些问题也没有任何应急措施。进入21世纪，非传统安全问题所带来的负面影响逐渐增多，也引起了更多的关注，在经历过几次问题之后，各国政府意识到了非传统安全问题带来的危害，甚至一度将非传统安全问题列为国家战略安全规划。

以 1997 年亚洲金融风暴为例，这场席卷全球的金融风暴让整个世界深切感受到了非传统安全问题的破坏力。而此时的东南亚还在为如何解决成员国之间的冲突烦恼，金融危机的爆发直接造成东盟成员国货币大幅度贬值、股市暴跌等，给东南亚诸国带来了严重的伤害，造成的直接经济损失高达 1000 亿美元，各国经济衰退极为严重，这一系列影响让东盟开始意识到保障非传统安全的重要性。2003 年在整个亚太地区暴发的"非典"疫情，对于原本医疗水平就落后的成员国而言更是如同噩梦，设备欠缺、没有可控的疫苗，这如铁一般的事实拍打着东南亚诸国；同年，暴发的禽流感疫情更是让这些国家雪上加霜、深受其害。2004 年发生在泰国南部的武装暴乱事件造成了数百人身亡，数千人生命受到威胁，这应该是泰国近百年来最为严重的一次安全问题。马来西亚与印度尼西亚更是频繁地发生恐怖袭击，给成员国与地区发展都带来了一定影响。后续的恐怖主义袭击、公共卫生安全问题都使东南亚各国瞬间陷入更为复杂的局势之中。

此外，非传统安全问题包括海盗问题、跨国犯罪、环境问题等，这些都会给东盟的发展造成一定威胁。这些问题的出现除了给东盟各成员国带来一定的损失外，也带来了更多的合作与机遇，让这些国家意识到团结在一起的重要性。东盟各成员国正积极开展全方位的合作，未来的发展将不可估量。

第二节 非传统安全合作的成就

由于非传统安全问题涉及领域较多，在这些问题出现时，东盟无法采用原来的合作方式开展行动，于是通过采用新的合作模式，建立了新的合作机制，提高了各成员国之间的信息流通性与信任度，有效推动了共同体的构建工作。目前，为了积极开展非传统安全领域合作的推广工作，东盟推动了多项文件监督工作的规范化进程，所开展的非传统安全领域的合作行动也取得了较好的反响，获得了各成员国的肯定。

一、金融与卫生领域危机的解决

1997年亚洲金融危机是东盟自成立以来第一次面对如此严重的非传统安全问题，这样的突发情况让东盟瞬间失去了主导能力，不知该采用何种方式来应对，也没有制定出任何实质性的方案，如此的无作为让成员国失望，也遭到了来自区域外的谴责。此后，东盟意识到了自己所处的地位及应该发挥的作用。在2000年举行的非正式会议上，各国领导人一致同意构建东盟经济共同体，将东盟视为一个整体并采取整体行动应对危机的发生，保证地区的经济安全与稳定。在第二次经济危机发生时，东盟积极开展应对工作，制定相应的方案并开展协调工作，此次无论是在执行效率或所取得成效上，都有较好的效果，将损失最小化，相比在第一次经济危机中的表现可以说是前进了一大步，这也显示出东盟应对这样突如其来的非传统危机方面的能力有所提高。东盟在之后召开的首脑会议上提议构建适当的保护措施维护东南亚金融市场的稳定，促进地区的经济发展，降低金融危机所带来的风险，这一提议获得所有成员国的肯定，也让东盟看到了各成员国重建金融市场的雄心。为了实现对东盟经济的严格管理，同时保护地方经济，东盟还制定了积分卡制度。积分卡制度的执行对东盟的经济起到了规范、监督与推进作用，获得了各国经济部长的高度赞许。

此外，东盟还强调"10+3"机制在非传统安全合作上的重要性，尽可能地通过该机制与周边国家开展更多的合作，应对金融危机只是一个方面，东盟区域外汇储备库也是在此机制下形成并长期作为预防金融危机的机制而存在，这应该是东盟在非传统安全问题上的第一份成果。经过这两次金融危机，制度化管理逐渐被东盟所接受；各成员国也意识到松散的组织与协调方式是东盟发展的最大弊端，加强制度化分工管理将有助于东盟高效处理各项问题。认识到这一问题后，东盟在后面几年逐步完善管理制度，设置相应的机构与部门，加强了地区的制度化管理。

针对在公共卫生领域的安全合作，不得不提及2003年令世界恐惧的非典型性肺炎与禽流感疫情，东南亚因医疗条件较差成为重灾区。除此之外，艾滋病等传染性疾病也在该地区肆虐，这些问题都再次将各成员国联系起来，促进了新一轮的安全合作。

2003年，"非典"在东南亚肆无忌惮地蔓延给东南亚造成了严重的威胁，东盟为此特别召开卫生部部长会议，并建议在东南亚建立一套健全的应对机制，包括东盟公共信息交流网；这是东盟第一次在应对非传统安全问题时表现得如此迅速。经过各国卫生部部长讨论后，东盟决定开展一系列措施构建一个更安全、更健康的区域。这些措施主要有：设置固定的机构监督各项工作的执行，建立公共信息发布与交流平台，在传染病的研究、控制及检验检疫等领域开展合作，考虑建立紧急卫生基金等。当年4月在新加坡召开的"东盟＋中国"特别会议中，中国总理温家宝对双方形成的公共卫生领域新的合作机制给予肯定,并承诺积极参加东盟展开的各项活动。

"非典"之后,2004年禽流感又在东盟蔓延,东盟各成员国卫生部部长一致同意加强公共卫生方面的合作,禽流感并没有像"非典"一样严重,但间接促使东盟建立了疾病防御中心。同年年底,新、印、菲、泰、马五个灾情严重的国家共同签署了《联合行动计划草案》,此草案具有一定的针对性,强调卫生安全机制的建立,并提议建立东盟疾病诊断自由区,提高人们对传染疾病的认知并采取有效应急措施等;设立地区性的基金和"三年行动规划"等实施方案推动东盟安全合作的开展。鉴于"非典"与禽流感在东盟所造成的危害,东盟领导人意识到需要在传染病方面加强合作,在第十二次峰会上针对卫生安全问题进行了重点分析,并强调各成员国应该重视并能联合处理类似问题所造成的威胁,从最为基本的民生来维护地区的稳定和平。

2020年全球突发新冠肺炎疫情,回溯这一年来的疫情发展,可以看到,各国政府和人民团结一致、共克时艰,国际社会加强交流、相互协作,充分揭示了世界各国人民是命运与共、休戚相关的,面对共同的人类灾难,没有任何一个国家可以独善其身,人类社会必须风雨同舟、共担风险、共同应对。东盟秘书长林玉辉及各成员国领导人共同表示,协调一致、多方参与和整个东盟共同体团结协作对于及时有效应对疫情至关重要。东盟国家决心与世界卫生组织等相关机构和国际社会密切合作,强化集体应对疫情的能力。东盟决心通过信息交流、经验分享和联合研发等方式,进一步加强公共卫生合作,以遏制疫情并保护民众;就药品及必需医疗物资设备的充足供应加强合作;在东盟集体抗击疫情的斗争中,优先考虑民众福祉并向受疫情影响者提供援助;提升大众传媒效率与透明度,及时更新相关消息、澄清错误信息等。东盟成员国将采取集体行动、进行政策协调,以减轻疫情对经济和社会的影响,维护民众福祉并保持社会经济稳定;保持东盟市场对贸易和投资开放,增强区域供应链的灵活性及可持续性;采取适当措施提升区域经济信心及稳定性;携手为民众搭建社会安全网,防止疫情导致社会混乱不稳,鼓励制订疫情过后的恢复计划,以保护民众的生命与生计,维护社会经济稳定,保持东盟共同体可持续发展和包容性增长。

东盟通过不断完善自身制度和合作机制,让经济与公共卫生两个领域的合作能够实现有法可依、有章可循。这在一定程度上突破了东盟在最初所设定的不干涉原则,但是这种突破不是指东盟随意干涉成员国政治,而是各成员国在协商一些问题时可以适当地做出退让,这也让东盟的合作变得更灵活、更容易适应变化。"10+3"对话平台的搭建更是增强了东盟与联盟外其他国家之间的信任与交流，它所实现的功能得到了认可，也帮助东盟搭建了一个更广阔的平台，让更多的国家参与到合作中。随着这些制度化的构建逐渐完善，地区认同也逐渐被东盟各成员国接受认可，大大促进了东盟在非传统安全问题上的合作，让东盟在共同体的构建道路上又前进了一步。

二、恐怖主义与海盗威胁的解决

当今世界存在着各种各样的恐怖组织，东南亚地区主要有分离主义与伊斯兰恐怖主义两种。近几年东盟经济发展迅速，恐怖组织也将东盟列为袭击对象，多次发动恐怖袭击，给东南亚地区造成了严重威胁。实际上，"9·11"事件爆发前东盟已经开始推进成员国联合反恐工作，但是收效甚微，并未开展任何具有实质性意义的反恐合作。"9·11"事件后仍然各自实施反恐活动，与其他国家合作较少。尽管在2001年召开的东盟峰会上，各国首脑签署了《东盟联合反恐合作宣言》并配以制度及管理措施，但效果却不尽如人意。态度发生变化的转折点是2002年发生在印度尼西亚巴厘岛的爆炸事件，作为旅游胜地的巴厘岛发生的这一事件震惊了世界，也让东盟真正开始意识到事态的严重性。自此，东盟国家开始尝试开展双边和多边的反恐合作，甚至部分国家借助美国的军事力量开展大规模合作。

在2002年举行的非正式会谈上，各国针对恐怖袭击事件发表了看法，结果也在意料之中，各国对该领域的合作表现出强烈的意愿。但只有马、印、菲三国在5月实现联合反恐合作，共同设立联合委员会打击走私违法犯罪活动。11月举行的东盟首脑会议上，十国领导人共同宣读了反恐宣言，这意味着各成员国对东盟反恐活动实现了空前的一致性，政府之间的相互信任也得到了显著提高，成为打击恐怖主义最坚实的基础。自此，东盟进入了全民反恐的状态，各成员国在制度下有条不紊地开展反恐合作。

在东盟不断开展反恐行动时，相应的制度与机制逐渐得到完善，这些都为东盟开展联合反恐合作起到了重要作用。反恐部队与东南亚反恐中心的成立都说明了东盟在对待反恐合作上的认真态度。合作领域也从最初的抓捕恐怖分子、打击恐怖袭击活动扩展到反恐情报共享、冻结非法资金及相应的反恐演习等多种形式。2007年颁布的标志性文件《东盟反恐公约》可以说是最为重要的文件，不仅具有最高法律约束，也具有较强的执行力。反恐公约的出台，有利于东盟国家携手打击嚣张的恐怖活动，从而保护地区的稳定和平，保障当地人民的生命安全。

恐怖活动以各种形式出现并对东盟产生严重威胁,面对着这些问题时,东盟从最初不作为、成员国不认同,到成员国有需要,最后变成成员国有强烈愿望,是一段十分艰难的过程。东盟在这段艰难的过程中对自我认知的改变,也是成员国对自我认知的改变,也正是这样的改变促成了东盟共同体的形成与发展。除了上面提到的恐怖活动之外,东盟各成员国面临的另一个非传统安全问题就是海盗威胁。东南亚诸国除老挝是内陆国外,其余国家均与海毗邻,海洋资源是这些国家收入的主要来源之一,也就都面临海盗问题。海盗问题形成已久,整个海洋都是其活动范围,对海洋运输及临海国家存在潜在威胁。

海盗威胁会带来直接与间接危害,相比之下,造成的间接危害更为严重,以下四项中前两项可以算作直接危害,主要是经济损失,而后两项的影响则不可估量。第一,对临海国人民的生命与财产带来直接的威胁导致船员不敢出海作业,直接影响其收入;第二,抢劫并耽误船只的正常运行,直接及间接带来一定的经济损失;第三,海盗为了获得一些特权或消息,对地方政府官员行贿,造成国家制度与原则削弱及官员的腐败;第四,海盗攻击过往船只时会导致原油泄漏,污染整片海域。20 世纪 80 年代后期,东南亚成为海盗频繁活动区域,东盟饱受海盗威胁,给经济与政治稳定构成了巨大威胁。

近几年海盗活动在东南亚地区日渐猖獗，这让各成员国无法再沉默或独自奋战，东盟组建了海上巡逻队，各成员国之间也纷纷达成安全合作协议共同开展打击海盗活动并配合跨国抓捕行动。在2002年的地区论坛上，东盟外长再次强调联合打击跨国犯罪的重要性，同时倡议各成员国全力配合类似的联合合作。在这一方面，新、印、马三国的合作是成功的典范，值得效仿。主要原因如下：1992年三国举行年度会议并探讨有关安全合作问题；三国建立了属于自己的网络平台用于信息交流及联合监控，保证三国在信息上的畅通性；最关键的是这三国频繁开展联合抓捕活动的军事演习，多次击败马六甲海盗。2001年印度尼西亚与新加坡更是签署了突破性文件，双方国家允许对方在无批准的状态下进入本国境内开展海盗抓捕活动；2004年三国又签署了共同防卫协议，开展了新一轮的海上巡逻行动。

尽管新、印、马三国的合作有较多的成功案例，但是东盟作为一个整体，在开展打击海盗方面的合作应该所有成员国都参与进来，只有这样东盟才可以真正被视作一个整体。东盟其他成员国可以效仿新、印、马三国的合作方式，但不可过分宣扬本国的势力或对所有活动表现冷淡，各成员国需要找到自己最佳的合作方，然后再慢慢扩展到整个组织内，建立相应的联动机制,实现十个成员国的信息互通,从而在获得信息时,各成员国可以根据自己所在位置选择是否开展追捕。

打击海盗与反恐活动只是非传统安全合作的一个方面,此时的合作已不再局限于东盟内部,逐渐开始与东盟外部国家开展合作。"三驾马车"机制作为区内跨国危机指导方针可谓非常成功,推动了成员国合作的制度建立,也表明了东盟对制度化管理的决心;区域外的合作中湄公河行动可以称为东盟与中国共同展开的最成功的跨国追捕行动,也标志着东盟与中国的非传统安全合作的正式开展。目前,东盟已经逐渐适应了在非传统安全领域的合作,各成员国之间的凝聚力也有所提高,东南亚地区形成了一个综合的安全保护系统。

第三节　非传统安全合作对东盟共同体的推动作用

通过开展非传统安全合作让东盟各成员国之间有了更为深入的了解，对重新认清彼此之间的关系起到了促进作用，也帮助这些国家摆脱由传统安全造成的长期束缚。各国在经过长时间的合作交流后实现了更深度的相互信任，构建了成员国的集体认同感，这也是东盟共同体构建的基础。如果不认同，又何谈共同，为此东盟在构建共同体时，所开展的每次行动都是稳中求胜，不是草草地执行相应制度，而是在长时间的培养与稳定合作的基础之上建构各成员国的东盟意识与区域认同，进而开展后续工作。

一、非传统安全合作增进东盟成员国的共同利益

非传统安全突然爆发在全球范围内造成了很大影响，东南亚地区也面临着严重威胁。外汇储备不足、金融监管漏洞

严重、贷款机制复杂等问题致使东盟的金融安全危机四伏；"非典"、禽流感等传染性疾病的连续暴发让本来卫生安全就落后的东南亚更是雪上加霜，艾滋病的蔓延让地区陷入了恐慌；由于东南亚多数国家的原油主要依赖进口，在油价大幅度上调时也出现了能源危机现象；东盟近几年工业的快速发展导致生态环境严重恶化；恐怖暴力事件的升级更是让东南亚国家人民生活在水深火热之中；武器泛滥、海盗猖獗、非法移民、贩毒售毒等情况充斥在整个东南亚地区，让整个东盟都为之担忧。此时的非传统安全不再停留在国家层面，平民百姓也受到了威胁，影响了东盟区域正常的发展与稳定，对个人的生存与身心健康均造成了一定的损害。面对这些危机时，通常一个国家是无法简单解决的，而是需要各国协调行动方可处理。以最为明了的空气污染为例，并不是说将本国的工业管制好便可以拥有蓝天白云。空气是流通的，其他国家的大气污染问题也会影响自己的国家，没有哪个国家可以凭一己之力治理全球大气污染。由于这些非传统安全问题通常无征兆、无具体形态也无法控制，所以无法判断这些问题的指向，更不会出现安全困境这样的现象，这也消除了各国的后顾之忧，成员国所能做的就是大胆地开展合作，在预防与事件发生后的应急措施上做准备。这些合作的开展间接或直接满足了各国所需，也促进了各国发展，成员国之间的敌视感减轻，进而可以开展更多的经济、文化与安全合作，扩大各国之间地区合作的动力和物质基础。

从现实情况分析，这些威胁不是促使东南亚国家形成联盟并建构共同体的外因，针对非传统安全问题而开展的合作只不过是东盟各取所需罢了。东盟各成员国不能独立对抗非传统问题吗？当然可以，可是这些国家之前尝试过却失败了，而且它们也没有足够的能力与经济实力再次面对这样的问题，而联合未尝不是解决问题的最好方法，通过运用最少的财力物力实现最终目标，可谓是事半功倍。这也正是东盟成员国之间能够开展合作的主要原因，利益才是最重要的因素。这也恰恰是东盟建构共同体的前提因素，找到这些国家的共同点与共同需求，非传统安全的合作实现了这些国家的共同利益，保证了它们的未来发展，因此受到它们的追捧。

二、非传统安全合作促进了机制构建与集体认同

东盟长期以来形成的安全机制全部是围绕传统安全而制定的，这就导致了这些文件的片面性。1976年东盟通过的《东南亚友好合作条约》针对当时所面临的安全问题进行了汇总分类，并提供了多种解决方案，要求在处理问题时必须严格按照文件中的规定。友好条约对加强各成员国之间的合作及解决问题发挥了很好的作用，各成员国间的相互信任与集体认同也得到了改善。然而条约中并没有过多提及非传统安全问题，因此在面对非传统安全危机时，条约的功能则显得有些不足，因此需要一份新的文件来指导与规范未来东盟在安全领域的合作，并符合以下几个方面的需求。

第一，东盟国家间的合作机制。

非传统安全领域的合作趋于成熟，形成了独特的机制，如东盟多次在峰会上发表声明，支持并鼓励成员国开展相应的反恐行动与跨国犯罪的追捕行动，并成立反恐中心对人员的培训予以支持；2003年召开的总司令会议与首脑会议更是将非传统安全领域合作作为重要议题并签署《打击贩卖人口声明》，以此作为东盟深化合作的另一个出发点。

第二，东盟地区论坛（ARF）。

东盟地区论坛作为东南亚乃至整个亚太地区重要的安全对话机制之一，在非传统安全合作中的重要性是不容忽视的。自东盟地区论坛成立以来，论坛针对预防性外交、海上外交等方面举行了多次研讨会，并建立了各个领域的工作小组对问题进行深入探讨。在此后多年中，成员国与非成员国均在东盟地区论坛上针对目前最为棘手的问题进行了讨论，合作范围与领域也越来越广。在这样的背景下，东盟各成员国逐渐联系起来，通过正式与非正式会晤方式探讨东盟非传统安全领域合作的未来。

第三，亚太经合组织（APEC）。

亚太经合组织在开展的多边论坛上对非传统安全合作高度重视，并成立了不同的工作小组以应对海洋资源与反恐工作。在亚太经合组织召开的非正式会议上，出席会议的领导人均认为非传统安全问题将是东盟发展所面临的严峻挑战，应给予高度重视。在之后召开的会议上陆续通过了《反恐声明》《领导人宣言》与《圣地亚哥宣言》等文件，足以彰显东盟对非传统安全合作的决心。

第四，"10+3"框架下东盟国家的对话与合作。

"10+3"机制是东盟开展亚太外交的积极表现，"3"即中国、日本和韩国。这种合作机制形成于第一次金融风暴之后，亚太地区为了预防金融风暴的再次出现，在2000年签订了《清迈倡议》，旨在保护亚太地区的经济安全。2004年召开的首次部长会议预示着多边合作部长会议机制正式建立。2005年签订的《北京宣言》加强了该机制稳定性并首次提出开展禁毒合作，宣言中还提及建立统一的加密联络方式，有效提高了各国在信息交流与工作部署时的时效性与保密性。与中国开展的合作目前已覆盖多个领域，如《禁毒行动计划》《北京宣言》《关于非传统安全领域合作的联合宣言》《防止"非典"的联合声明》及《非传统安全领域合作谅解备忘录》等；这些合作只是东盟在现有能力范围内可以完成的，但实际上还有更多的领域可以去尝试，这也将在东盟逐渐发展的过程中一步一步去探索开发，寻求更为宽广的合作空间。

第四章　东盟共同体的建构

　　东盟共同体的构建不是一蹴而就的，而是经过了多次会议商讨及文件制定才得以开展。2003年东盟首次决定开展共同体的构建工作并计划于2020年完成，随后在2007年举办的首脑会议上各国领导人提议将建立东盟共同体的日期提前至2015年。但事实上直至今日东盟共同体也没有完全构建完成，且三个分支的构建进程也存在差距，所取得的成绩也各有不同。随着2015年东盟经济共同体的完成，各成员国经济的飞速发展，它们意识到东盟自成立起就应该是一个整体，拥有相同的命运，虽然发展有所不同，但始终无法分割，这种从内而外的认同，对东盟国家构建经济、社会文化与政治安全共同体起到了推动作用。

第一节　东盟经济共同体建构

经济是一个国家发展的基础也是核心，而经济水平的高低决定了这个国家的发展速度与国内人民的生活水平；东盟虽然是一个区域性组织，但它的发展也完全符合这样的模式。在正式更名为东盟经济共同体之前，一直被称为东盟经济一体化，不能直接体现东盟此时经济发展的真实情况，故更为现名。经济共同体是东盟最先尝试发展的一个领域，在长期的发展过程中曾一度缺少指导性文件，《东盟宪章》的出台改变了这种尴尬局面，为后期的构建工作起到了良好的指导作用。

一、东盟经济共同体的设计

经济合作是东盟各成员国之间最早开展的合作领域，早期只是为了满足各国的基本需求而进行商品贸易，后期才逐渐发展为以更高目标为目的的合作。东盟开始达成共识构建经济共同体的主要原因是经济危机曾给东南亚诸国带来了毁灭性的打击。经历了全球经济的快速发展、金融危机后，东南亚国家完全清醒，意识到在面对外来冲击时自己力量的弱小。因此，东盟决定重新构建更为完善有力的联盟，并积极开展相应的行动。最为显著的措施是东盟自由贸易区的建设，极大地促进了各成员国之间的经济合作。在推动整个地区经济发展的过程中，各成员国扮演了重要角色，成为地区经济发展的强有力推动者。

在详细研究东盟经济共同体的发展进程后，可以发现东盟意识在东盟经济共同体构建过程中起到了一定的作用，虽然各成员国之间的经济水平差异较大，但各成员国更希望通过合作实现更大的经济效益而不是局限在眼前短期的利益，因此这样强烈的合作意愿促进了经济合作的开展。可以说，在建构东盟经济共同体时，东盟各成员国已经达成了最基本的信任，将东盟认作一个整体去思考，体现了东盟意识的形成。

首先，在全球一体化的大趋势下，地区主义也呈现出另外一番面貌，地区间的区别与优势也日益凸显。进入 21 世纪以后，地区主义的趋势更进一步强化，各种地区性或功能性的双边或多边贸易协定纷纷签署。同时，随着中国的和平崛起与印度的发展，东盟明显地感受到来自这两个国家的压力。东盟遇到的这几大竞争对手，使东盟希望扩大在世界市场的份额，在世界经济领域发挥更大的作用，以彰显东盟存在的愿望受到了阻碍，迫使东盟感到有必要进行整合，以增强整体的竞争力。

其次，通过经济领域的合作，得利的首先是东盟各个成员国，这不仅可以壮大各自的经济实力，而且还会产生规模效应，带动整个区域的经济增长，进而提升东盟在全球经济中的地位。虽然实现了"大东盟"统一，但实际上东盟在现实中还是经济发展落后、后续能力不能持久的，单从1997年金融危机就可以看出，东南亚还没有足够的能力去应对突如其来的危机，也缺乏相应的协调机制。曾经在《东盟宪章》中被多次强调并为之骄傲的"东盟方式"在处理突发危机时显得有些力有未逮，无法提供任何有效的解决方案，这也导致东盟成员国当时不得不放弃东盟，走上"自救"的道路。经过这次危机，东盟国家更进一步地意识到一体化的重要性，东盟意识更是深入各个成员国。因此，各成员国坚信只要坚持一体化构建，东盟必将可以在经济构建上快速发展。

最后，在东盟签订《东盟宪章》后，各成员国为了保证宪章中的提议可以顺利开展又达成了《万象行动计划》，阐述了对经济共同体构建的目标、实施方案及应对措施等内容。该计划中，东盟确定了东盟投资区、科学与技术、商品贸易、服务贸易、能源、旅游、金融合作、食品、交通运输、通信与IT产业、农业和森林这11个领域优先实现一体化，同时加强制度化以及与对话伙伴的经济关系等领域的合作。可见，这些部门涵盖了东盟在经济发展过程中所涉及的各个领域，对东盟经济共同体的发展起到了至关重要的作用。从东盟签署的各项涉及东盟经济合作的协议来看，东盟是东南亚开展经济合作的推动者，东盟各成员国可以轻松接受东盟经济一体化主要得益于东盟意识的建构及《东盟宪章》所起到的指导作用。

二、东盟经济共同体的构建及存在的问题

东盟经济共同体的构建是一个长期的过程，其过程中也存在着一定的问题，总体上可以归纳为两点：第一是由成员国自身情况所导致，各个国家的基础水平与发展节奏不同，无法让发展快速的国家停下来等待其他国家或在短时间内快速提升落后国家的经济水平，这对于东盟而言是硬伤；第二点则是东盟的贸易交易存在严重的逆差，成员国之间的贸易往来过少，更多的贸易是与非成员国开展，这些问题均困扰着东盟经济共同体的发展。

一是由于经济发展水平差距所带来的阻力。一个国家的经济发展水平可以通过人均面积占比与人均国内生产总值进行判定。如果仅从人均所占面积的比例去考量成员国之间的差别，这一数据已经很具有代表性。根据2015年披露的数据可以了解到，当时印尼的人口达到2.57亿人，面积有192万平方千米，国土面积广阔但人口数量较少，经济异常落后。而新加坡虽然所占比例相对较小，但经济却最为发达。作为综合国力重要的考核标准，东盟在推进经济一体化的工作需将这一因素考虑在内，进而平衡区域内各成员国的利益关系。当换一个角度去考察这些国家的差距时，可以看到另外一种情况，即成员国可以大致被分为老六国与新四国，即便老六国之间也存在着一定的差距，其中新加坡远远将其他国家甩在身后，而柬埔寨则垫底，但无可厚非的是老六国GDP会相对好一些。据2015年统计数据显示，东盟共同体的GDP高达2.5万亿美元，当年度印度尼西亚仍是贡献最多的国家，老挝则处于东盟十国中的末尾；但人均GDP，新加坡则以56319美元居第一，柬埔寨以1080美元垫底，虽然相较前几年有所提高，但还是存在着明显的差距。东盟快速发展的这些年中，各国人均GDP均有所增长，但是由于人口的原因，部分成员国的人均GDP仍落后于其他国。

二是东盟的贸易交易存在严重的逆差现象。这种不平衡也主要体现在两个方面：一方面是成员国之间与成员国对外贸易额的严重失衡，通过近几年数据可以轻松地发现成员国之间的贸易额长期维持在 30% 左右，但是对外的贸易额却高达 70%，是成员国之间贸易额的两倍。由此可见东盟成员国之间开展的经济合作不尽如人意，各国还没有建立完全的信任，更是担心其他成员国的经济超过自己时会对本国不利，因此将对外贸易作为首选；另一方面则是东盟逐渐缩减对外贸易，近年来的贸易额持续走低，相反各成员国努力开发并充分利用本国的资源，通过技术引进等方式提高本国的生产能力，减少了国家之间的经济合作，这种情况的出现说明东盟各成员国的经济有所改变，东盟也在尝试通过新的方式提高经济构建，这也无形中引入社会文化和合作，促成了新的合作模式。

综上所述，东盟若想建立一个成功的经济共同体，需在保证各成员国经济贸易合作的同时，平衡成员国与非成员国之间的贸易往来，在鼓励引进先进技术提高效率及技艺的同时更应该实现更多产品的出口而非满足于自给自足，这样才可以保证平衡各成员国之间的经济发展，避免两极分化的加大。

第二节 东盟社会文化共同体的构架

东南亚是一个神奇的地区，拥有不同的民族，具有相似的文化而又有所区别，充满了多样性。整个地区在数百年的发展过程中，受到了来自世界各地文化的熏陶，因此可以在东南亚不同的地区看见不同的文化，同时也具有一定的区域性特点。但正是因为如此复杂的文化，东南亚从没有出现过文化的统一，哪怕一个国家被另一个国家殖民后也没有改变其原有文化，因此，文化统一在未来也不太可能出现，东南亚也就难以形成地区意识和地区认同。在这样的背景下想要建构一个东盟社会文化共同体无疑是自寻烦恼，但这又是完成东盟共同体构建的必要环节，可见构建这样的共同体将充满挑战。

一、东盟社会文化共同体的设计

东盟社会文化共同体作为东盟共同体构建工作的一部分并没有严格定位与发展顺序,也无法确定社会文化共同体的价值,但文化是加深国家深入合作与认同的一种方式,有助于东盟未来全局的发展。为了配合东盟共同体的构建工作,东盟早期制定的文件如《东盟宣言》《东盟2020愿景》与《东盟第二协议宣言》中均涉及社会文化共同体的构建内容。其中,《东盟宣言》还特意提到了东盟意识在社会文化共同体中所发挥的作用,并强调东盟社会文化共同体是连接各成员国的纽带,为成员国之间开展更多的交流创造了条件,有利于提升信任度与区域凝聚力。

东南亚的多样性最早可以追溯到公元前3世纪。15世纪郑和曾七次航海路过东南亚地区,实现了中国与该区域的交流,将中国文化成功带入,东南亚部分国家被纳入"华夷"秩序圈中。印度文化则是通过印度教、佛教和婆罗门教进入东南亚,并逐渐拓展开来,因此,现在可以看到很多与印度相似的文化。其他地区文化传入的模式与中国类似,也是通过某种媒介进入并根植该地区。但整体对东南亚影响最深的外来文化非宗教莫属,语言及其他类型的文化与之相比仅算是国家发展的一个插曲,佛教与伊斯兰教是宗教文化的典型代表。佛教是在公元前3世纪时开始传入扶南、占城、室利佛逝等地，对泰国、柬埔寨、缅甸、老挝影响都非常深，至今仍可看到这些国家对佛教的尊崇。当佛教刚传入缅甸时，上部座佛教传入后对社会产生了重大影响，无论是繁华的都市还是偏远的乡村，佛教的影响随处可见。伊斯兰教出现的时间较晚，16世纪才出现在东南亚国家，传播的影响力虽不像佛教深远，但也形成了一定的伊斯兰文化圈。在部分地区与国家，伊斯兰教文化的影响力甚至延伸到了政坛，足以左右未来的局势。西方文化的传入构成了最终的东南亚的文化，东南亚文化的区域划分也最终完成，每个地区具有更加明显的区别，这也就影响了这些国家的发展。在宗教信仰上，世界上三大宗教都可以在这里找到信徒。在民族构成上，该地区大约有400至500个民族。东南亚的每个国家都不是由一个单一的民族构成，所以说东南亚是一个多样性的地区，这种现象表现在所能观察到的各个方面。

东盟成立之后意识到这一问题，也在积极促进各成员国的东盟意识建构并渴望尽快实现地区认同。但想在这样一种多样性的环境下实现由小国为主导地位的政治联合，除了需要这些国家自己有此想法，还需要一定的基础累积。这种文化相似性为国家的联合创造了机会，也是连接东盟这些国家最好的纽带，而在多样性中寻找到一致性，这样的基础才比较稳固。所以，东盟一直在努力实现这样的共同体，通过东盟意识与地区认同的培养,让成员国意识到东南亚各个国家应该是一个统一的整体,对外的体现更是"合众为一"。东盟曾在1969年签署《金马伦高地协定》,该文件旨在推动东盟成员国之间的文化合作;后又创办了属于自己的东盟杂志,发展到1972年时东盟每个成员国都建立了自己的东盟图书馆,用于保存有关东盟的相关文件。1976年,在《东盟协议宣言》中首次提出需要在社会文化领域开展相应的合作,这些活动不仅仅局限在文化交流等内容上,将范围拓展到就业、学术机构建立、学术探讨、教学等内容,如提高低收入人群和农村居民的福利,如果需要可以提供有合理性报酬的工作,这些活动与文件在成员国的合作方面起到了一定的促进作用,加深了国家间的信任。从这些活动中,不难看出东盟一直为其成员国培育东盟意识,虽然这些成员国在目前的情况下仅仅是参与,并没有强烈的意愿去建构共同体,但这往往是一个比较好的开始,通过这些合作,成员国看到对自己有利的一面,东盟意识逐渐形成,对地区也有了一定的概念,相信地区的发展可以一同带动本国的成长,如同欧盟一样。东盟在制定的《东盟2020愿景》文件中认为东盟社会文化共同体将会连接东盟各个国家,是东盟成员国所希望看到的结果,充满了社会凝聚力与关爱,这也将构成一个更完美更健全的东盟。

2003年东盟在现有的合作基础上提及开展深入合作，并将重心移至人才培育方面，希望通过更多领域人才的参与实现东盟文化的多元性，并促进各国对集体认同与东盟意识有更高的领悟。2004年与2007年的《东盟社会—文化共同体行为计划》与《东盟宪章》两份文件的签署更是凸显了东盟的动机与意图，两份文件均强调：每个人都应该享有相同的权利与发展机会，不应该因为种族、宗教、性别、使用的语言及文化背景而区别对待；探索挖掘每个人的潜能，让每个人都以不同的方式参与到社会发展与竞争中，满足他们内心的需求时也给予肯定；对于长期被忽视的弱势群体，给予公平的对待与关爱，避免可能会发生的欺凌；在处理环境问题时不应只考虑当下，需要注意人与自然的和谐相处及可持续发展等问题。这一系列内容都以人文发展与合作为出发点，将东盟各成员国所能涉及的问题全部罗列并给出了具体的解决办法，这些内容及办法均是让东盟成员国快速认清并接受东盟意识与地区认同，进而根据《东盟宪章》中的目标与计划开展共同体构建工作。

二、新东盟成员的加入及制度的完整

（一）经济层面

经过了长期冷战，全球经济出现了欣欣向荣的局面，各地区及国家间的经济合作呈现出良好的态势，相互信任、依赖程度有所提高；面对日新月异的国际和地区形势，东盟开始重新考量其所推动的经济一体化进程，根据实际形势重新确定了东盟经济共同体的未来计划与目标，建立自由贸易区、制定成员国之间贸易税收优惠政策，保证成员国所有的经济利益；在后期发表的《东盟2020愿景》中的部分内容也是强调东盟需要借助经济合作缩小成员国之间的差距，并要保证在这些合作过程中各成员国可以享有相同的待遇与权利，这也是实现成员国互信团结的关键。此举意在通过开展更多经济合作，增加东盟成员国之间的联系，打造更为坚固的东盟经济区域链。2003年东盟制定的《东盟协调一致宣言》指出，各成员国为之努力的经济合作是东南亚的大势所趋，这不仅是东盟成员国之间的利益关系，更可以为东盟经济共同体奠定基础并提供一定的指导，帮助东盟在经济领域崛起，形成具有一定竞争力的经济体。后续签订的所有文件都是在这样一种思维框架下完成的，旨在打造一个开放、透明、公平的经济市场，并保证它具有一定的活力与竞争力；文件还体现了另一种思想，即已经处于领先地位的国家有义务也有责任帮助这些落后的国家快速发展经济。可见，东盟的经济在这些指导文件的规范下，正朝着一个健康良好的方向发展，发展速度也超过了预期，为整个区域的经济共同体的构建起到了推动作用。

　　冷战结束后东盟之间经济合作有所增多，合作形式也有别于其他联盟或地区，具有一定的特色。但东盟并没有迷失方向紧锣密鼓地开展经济共同体的构建工作，而是一步一步循序渐进地推进，按照重点划分，从最基础的到最复杂的顺序有序开展相应的构建工作，为在更广的区域范围开展一体化构建工作奠定了基础。后期所制定的《东盟一体化路线图》中针对东盟经济市场的划分，为东盟后期构建经济共同体也起到了促进作用。

　　在此基础上发展起来的地区经济一体化也扩散到整个东南亚地区，但是每个区域的目标、合作对象及开展速度不同。此时东盟内部已经出现了发展不平衡的现象，这也间接激起了成员国之间的一些矛盾。东盟的初期发展，部分是参照欧盟的相关构建内容，但现实中二者又有着巨大差别。在欧盟地区，成员国在建立一个统一市场的同时还实现了货币的统一，即在欧元区不再有货币的区分，实行欧元的各个国家使用相同的货币，这在欧洲乃至世界都是首例。东盟则是局限在经济合作领域，部分国家实现了货币通用，但也仅限在特定的国家实施。出现这一现象的原因主要是东南亚国家担心主权问题，因为各个国家发展程度不同，一旦实施货币统一政策，对于汇率差距较大的国家会出现严重的分歧，更容易造成东盟内部的纠纷。因此，此时东盟的目标更多地集中在内部经济的发展，即商品、服务与投资这三个方面，并未认为货币统一是东盟经济共同体构建的刚需。与此同时，为了考虑发展缓慢的成员国，需要适当调整东盟经济共同体构建的难度，在推进各项事宜开展的过程中，做到一定的针对性，将成员国按照发展情况进行分类，采取分别对待的手段，在保证不影响共同体构建的同时缩小各成员国之间的差距。新加坡前总统吴作栋面对采访时曾表示，东盟经济共同体的构建不仅有东盟自身发展的需要，更重要的是希望成员国之间可以相互合作共同发展进步，避免国家间的差距逐渐加大，重视两极分化的问题，发达国家有责任也有义务帮助其他成员国推动经济发展。因此，东盟在构建一体化时出现了"10-X"原则，这一原则保证了成员国可以在自己的意愿下推动一体化构建的工作，而不是被迫开展相应的活动去迎合东盟。由此可见，东盟希望通过更为理性的方式来推动成员国之间的经济构建，而不是强制或由东盟主导。

（二）社会文化层面

冷战结束后东盟各国之间除了在经济领域的合作逐渐增多外，社会文化领域之间的交流也有所升温，其负面影响则是由于大规模人口爆发导致农业用地严重不足，而城市的快速发展及工业发展提速也导致了一系列的问题，将原本仅存在于国内的问题升级到整个区域范围。环境污染、传染性疾病、非法移民、走私及毒品等问题无时无刻不在考验着东盟。如果此时东盟各成员国还仅仅从本国利益去考虑所有事情而无法放眼全局,这将严重妨碍东盟共同体的构建,此时所说的共同体包含了社会文化、经济与政治安全这三个领域,绝非是某一个片面的领域,东盟必须加快东盟各成员国之间的社会文化领域合作,才能保证社会的稳定与和平。

东盟制定的《东盟2020愿景》在社会文化领域也提出了相应的建议,认为东盟各成员国不应因国籍、民族、信仰等不同而有所区分、被划分为三六九等,每个国家及其公民应享有相同的权利及发展机会,创造一个公平、公正、透明、平等的东盟,确保所有成员可以生活在一个高品质、可持续性强的环境中。由此可见,东盟的发展方向从原来的经济领域拓展到了人文领域,希望以人为本,从根本出发解决问题所在。为了社会文化共同体工作可以如期开展,东盟甚至发表了《东盟社会—文化共同体行动计划》并再次重申"社会文化共同体"的构建目标,其核心内容主要包括以下四点:一是建立一个互信互助的共同体;二是通过逐渐开展的文化交流合作让国家之间形成集体认同,增强成员国之间的凝聚力;三是扩大社会文化的共同体的领域,提倡人与自然和谐发展;四是建立相应的保障制度,防止危机突发所带来的危害。此文件的通过意味着东盟开始从更为广阔的视角去思考构建东盟共同体的工作，而不是从前那种遇到问题解决问题的态度，这种从根本上去改变以往传统的工作方式也是对未来发展的肯定。社会文化所涉及的领域比较广泛，在国家间的合作起到了重要的黏合作用，所以社会文化领域的合作更能有效地促进东盟一体化的构建工作。

  冷战结束后东盟换了一种新的方式开展社会文化合作。一是希望通过三个维度共同开展共同体的构建，将社会文化渗透到各个领域，并谨记社会文化共同体与经济及政治安全的密不可分性，三者有着千丝万缕的联系，不可分开考虑。二是实践过程中，最需要做到的便是尊重各国的历史文化与社会差异，继而开展后续的社会文化共同体构建。在东盟，成员国由于地理位置接近，各国拥有相似的社会文化而又有一定的区别，想要开展合作就必须让成员国彼此相互信任与尊重，以包容的态度去接纳外来文化，实现整个区域的认同及东盟意识。三是东盟社会文化共同体在构建时应保持应有的开放性，允许非成员参与社会文化共同体的构建，避免"闭关锁国"的现象发生。东盟认为：其可以接受任何形式对推动东盟共同体构建有利的帮助。所以可以认为凡是有助于东盟发展的合作都是可以开展的，这也形成了有别于欧盟的特色。后续签署的《东亚合作联合声明》与《新加坡宣言》更是鼓励成员国在诸如气候、环境等更多的领域开展社会文化合作,让东盟在社会文化合作的领域更为广泛,突破了传统思维,更具有多元性。此外,每年举办的"10+3"论坛旨在扩大合作范围,并希望在整个亚太地区建立相关合作,加快构建社会文化共同体的完善。

(三)安全层面

冷战的结束彻底终结了世界两极对峙的状态,东盟各成员国在获得了完全的独立自主的同时也为国家的安全系统担忧,这种内忧外患的环境迫使这些国家采取适当的合作应对危机。东盟凭借在冷战时期综合国力的提升所积累的经验,对未来开展安全合作及共同体的构建可谓信心十足,并在1992年召开的首脑峰会上提出了大力开展安全合作的倡议。继而签订了《新加坡宣言》,文件指出:东盟希望所有的东南亚国家都可以积极参与到区域的安全合作中来,并会建立一个论坛用于促进国家间的沟通;同时也允许区域外的国家进入论坛,借此与非成员国保持有效的对话与联系,通过采用这种方式维持与区域外及区域内的安全合作来实现地区长期的稳定。东盟在安全领域的合作也因此发生180度的转变,从最开始的排斥到多领域、多层次的合作,在辐射面更为广泛的同时,范围也从原来的东南亚扩大到了整个亚太地区。在面临安全方面新的挑战时,东盟各成员国为了保护本国的主权，强调通过和平方式调解各种冲突问题，推动地区合作实现最终的和平发展。具体来说包括以下三个方面：一是开展双边与多边安全合作，并将重心移至更高层次的安全领域；二是以《东南亚友好合作条约》为基础，同时开展成员国与非成员国之间的安全合作；三是发挥联合国法律法规的作用，开展安全领域的实践工作。在这些理论及法规下，东盟开展了冷战后的安全合作。

  首先，强化了东盟内部的安全合作。南海问题是各成员国最先达成共识的合作点，由于南海的丰富资源，所有与之相关的国家都不愿意放弃任何利益，共同签订《东盟关于南中国海问题的宣言》，通过东盟来与中国谈判；《建立东南亚10国共同体设想声明》更多是东盟对构建共同体的期望与未来设定；《东南亚无核武器区条约》与《东盟2020愿景》则可以看作东盟后期在安全领域合作的推进；最大或最为显著的变化应属1999年大东盟的出现，东南亚地区结束了长达数十年的对峙局面，东盟的发展也进入了一个新的篇章。真正推动安全合作工作开展是在"9·11"事件之后。"9·11"事件告诉世界没有哪一个国家能有真正的安全，东盟也深深意识到自己的发展受到严重的威胁，需要开展相应的防御措施加以应对。因此，在2003年召开的峰会上也多次强调政治安全合作的重要性，各国须给予重视。峰会上发表的《东盟协调一致宣言》也是强调保证所有成员国可以长期处在一个和平民主的环境下发展,并强调东盟之所以开展安全合作,其主要功能是防御及采用和平的手段调解纠纷,不可以开展无谓的对外威胁及干涉他国内政。但实际上在这一年的时间内,东盟有些迷茫,不知道应该从哪一方面、从哪里着手。此后在《东盟政治安全共同体行动计划》的指导下,东盟不再是盲目地开展安全合作,其努力与做法让各成员国享受到了应有的权利,得到了其认可和支持,国际社会对此也给予了肯定。但是作为东盟共同体构建最为重要的一部分,持续地强调集体意识与地区观念是东盟的长期工作,没有任何捷径可以走;经济与文化的铺垫皆是为了安全合作的开展,而安全合作的成功也将维护更多经济与文化的合作,互相促进,不断提升合作水平。

其次,东盟一直努力创造一个更为融洽的合作机制,即只是起到一个牵头作用,后面的工作由大家一起完成,这一工作最具代表意义的便是1994年成立的东盟地区论坛。首次东盟地区论坛于同年在曼谷举行,当时也仅有除成员国外为数不多的国家参与,如今已有27个国家参与其中。东盟论坛之所以一出现便受到关注,主要是因为东盟地区论坛具有两个主要功能,其一是作为政府间非正式的沟通工具,被称为"第一轨道外交";其二是东盟地区论坛允许成员国的学者、高官参与其中,作为非正式的政治交流,因此也被称为"第二轨道外交"。

最后,1995年发布的《东盟地区论坛——概念文件》大致将东盟地区论坛的形成划分为三个阶段,这三个发展阶段与东盟政治安全共同体的构建规划相似,包含从初期建立信任机制、开展外交合作到最后遇到问题解决问题的三个部分。在面对最近几年才凸显的非传统安全问题,东盟地区论坛也给予了充分关注,让各成员国可以突破禁锢,探讨未来需要面对的问题。东盟地区论坛成立的最主要原因是东盟希望将几个大国纳入论坛中,并希望在东盟起主导作用的机制下开展多维度安全议题,其所有的努力都是希望实现地区长期的和平。此时的论坛确实发挥了这样的作用,有效地维护了东南亚地区乃至亚太地区的稳定发展,更是促进了政治安全合作的开展。除东盟地区论坛外,东盟后续开展了"10+X"对话机制,也是借助相同的原理开展成员国与非成员国的会谈,并以此建构更多的安全合作。

三、东盟社会文化共同体的建构及存在的问题

由于东盟具有文化多样性的特点,在开展社会文化共同体构建过程中也遇到很多难题,如何实现统一化是面临的最为棘手的问题。东盟成员国自身是由多个民族组成的,南北文化也存在冲突，自身问题都没有解决的情况下又何来精力处理国际的民族问题？据统计，东南亚地区的民族达400多个（不含国家间名称不同的民族），印尼一个国家就有300多个不同的民族，菲律宾有90多个民族，马来西亚有30多个民族，泰国有30多个民族，缅甸有150个民族和部落，越南有54个民族，老挝现有的三大族系共68个民族，柬埔寨有20多个民族，文莱有10多个民族，甚至连国土面积最小的新加坡也有20多个民族。如果想将如此复杂的情况进行标准化，这应该是不可能完成的任务，因此，东盟的首要任务就是认清这些问题，合理分配各国及各民族之间的利益才能实现共同体的构建工作。

东盟各国在早期所接受的文化熏陶不一样，后期所呈现的文化传统与生活方式也大相径庭，并形成了一定区域范围，即东南亚地区根据文化类型划分成了几个大的区域，在这些区域内具有相似的社会文化历史，这些区域大致为基督教文化区、伊斯兰文化区、中华文化区、印度文化区和东盟地区原有的本土宗教文化区。所在区域的人民通过宗教文化与其他区域开展交流，增进感情。由于这些文化区的地理位置不同，发展与信息水平也有所区别，因此在交流时也无法实现信息畅通，而这些相对落后的区域则在社会文化共同体的构建进程中无法跟上如此快速的发展，也拖慢了东盟社会文化共同体的步伐。为此,东盟在《东盟社会文化共同体蓝图》与《东盟宪章》中重申:必须要正视民族复杂多样性这一事实与文化多样性所产生的问题,然后通过不断缩小各区域人民的教育落差,提供更为广泛的谋生手段及就业机遇,让人民具有更强大的包容性,以保证每个民族可以享有相同的权利及地位,努力消除不同族群间的分化与对立。

由此可见,社会文化共同体的构建工作所涉及的范围更为广泛,不是单独关注个人发展或者文化交流,而是从多个方面共同采取相应的措施,避免发展过程中某一个方面的短板而影响全局。从所采取的措施可以看出,东盟长期以来一直努力去改变东南亚国家之间文化差异,希望实现东盟意识与地区认同,东盟各成员国也在积极配合,因为它们认识到通过此举不仅可以解决国家内部的民族多样性的问题,更可以提高国家的影响力。这些合作从侧面也说明,东盟意识在东盟国家得到了进一步强化,东盟社会文化将呈现快速发展的态势。

第三节　东盟政治安全共同体的构架

东盟自成立以来并没有发生过大规模的暴力冲突事件的记录，国家之间因为边境线、历史文物等问题虽有纠纷，但最后均在非暴力调解下解决，因此，东盟也被国际社会认为是最成功的共同体，这也被学术界所认可。阿查亚教授认为，将东盟作为研究政治安全共同体的载体可以为学者提供多个领域的视角。学术界在开展东盟政治安全共同体研究时并没有固守成规，认为不应该从文献中找寻其发源痕迹，而应该是东盟自成立以来就形成了内在政治安全共同体，后续的发展只不过是在推进形成比较正规、有法律文件支撑的东盟政治安全共同体；《东盟第二协议宣言》只不过是局势所需的结果，但也反映出东盟成员国逐渐开始认同东盟政治安全共同体这一理念，愿意尝试去与他国开展安全合作，这是一个很好的开始，也是东盟长期不懈努力的结果。问题在于

《东盟宪章》在其中扮演了什么角色？它所制定的内容是否能有效地监督共同体的构建，又有何问题？

一、东盟政治安全共同体的设计

尽管东盟自成立以来一段很长的时间里并没有接受政治安全共同体的观念，但是它从成立以来就在为促进其成员国的政治安全合作而努力。从《东南亚国家联盟宣言》《东南亚和平、自由中立区宣言》《东盟协调一致宣言》和《东南亚友好合作条约》这些文件的签署明显可见，东盟在努力促成成员国之间的政治安全合作，并希望这些合作是在有序、合理制度下开展。东盟逐渐确定了合作开展的法律规范与社会规范——东盟方式。法律规范是具有一定强制性的文件，但内容主要局限在要求成员国不允许使用暴力解决争端、不允许干涉他国主权、不允许干涉他国的双边合作等，更多的是限制成员国的行动，而不是解决问题。社会规范则是强调一种非正式的态度，不需要严格的组织或者决策支持，同时通过沟通达成一致实现地区和平，更具有包容性。

东盟的法律规范与社会规范从初期的形成到后期的成熟经历了各种挑战，承受着来自内部与外部的各种压力。首次考验就是发生于1968年的"沙巴冲突"，此事看似只是一个简单的领土主权问题，但这几乎让东盟面临解散的危机，马来西亚与菲律宾更是中断了所有合作，断绝了一切往来。后在印尼与泰国两国外长的长期调解下，这一冲突才算得以平息，但两国并没有立刻恢复合作，表面上也看似没有任何问题，实际上一直处于冷战状态。"沙巴冲突"的和平解决在促进东盟方式形成的同时也让东盟成员国的东盟意识开始觉醒，有意识地通过东盟意识去推进东盟政治安全共同体的构建。第二次内部争端是1978年越南无征兆地入侵柬埔寨，出现这个问题时，东盟内部的意见出现了分歧，主要原因是部分国家与这两个国家建交并有部分合作，为了自己利益的考虑在探讨问题时难免会有一些偏袒。但最后"柬埔寨问题"以和平调解方式得到圆满解决，东盟实现化繁为简，将区域作为一个整体去思考，分析出对区域发展最为有利的一面，说明东盟成员国的东盟意识逐渐增强，这在后来的发展中也得到了证实。此时的东盟意识与在《东盟宪章》背景下形成的东盟方式的影响力已经远远超出东盟预期，它们发展成为整个亚太地区在安全领域合作的重要基础。1994年东盟成立"东盟地区论坛"（ARF）并对这一亚太地区多边安全合作机制拥有主导权，这体现了东盟在为实现地区和平所做的努力，"东盟地区论坛"允许东盟非成员国加入并针对安全问题提议开展相应的合作，得到了各国的响应。"9·11"事件发生后，东南亚地区因为薄弱的军事力量深受其害。作为受害最严重的国家，印度尼西亚挑起大梁，号召其他成员国共同构建政治安全共同体，并多次在"东盟地区论坛"宣扬该理念，争取各国的支持。2003年，印尼总统访问马来西亚与泰国，针对反恐与维护地区和平合作进行会晤，三个国家领导人对这一提议均表示了赞同，并召集其他国家共同签订了《东盟第二协议宣言》，宣言中明确了共同体的构建内容，并将政治安全合作确定为东盟发展最重要的环节，并给予了更高的重视。

宣言的签订，意味着东盟各成员国对东盟政治安全共同体给予了肯定，安全领域的合作也提升至一个新的层面，可以保证东盟地区成员国之间和平相处，在国际上也可以像其他国家一样享受平等的待遇。东盟政治安全共同体将和平解决争端看作唯一选择，无论发生什么争端，都是将整个区域作为一个整体来看待，这样可以有效快速地将问题解决，因为无论哪一方受到伤害，对于整体而言都是不利的。文件中还强调最为重要的一点，即成员国不可以通过任何形式干涉他国内部事务，这在某种程度上大大提高了各国之间的合作意向，也促进了东盟地区安全合作的开展。

如果从一个新角度去考虑东盟地区主义的形成，可以理解为是从最初的安全困境发展到政治安全共同体这样的一个过程。东盟最初构建东盟政治安全共同体时的思路与多伊奇和阿德勒等学者的思路相似但又相互区别：相似之处表现在东盟长期都在建构成员国的东盟意识，希望以此培养它们的地区认同，推进东盟成员国之间的安全合作，同时也在不断完善巩固东盟的集体认同感与共同规范；不同之处主要表现在东盟政治安全共同体不仅仅局限于安全领域，它所涵盖的领域更为广泛，可以被认为是一个多样性的综合政治安全共同体，其范围也不再局限于东南亚，而是通过东南亚寻求整个亚太地区协同发展。在东盟政治安全共同体构建中，东盟意识发挥了重要作用，这种意识所包含的各种形态都得到了体现，这样足以证明东盟是一个比较综合的共同体。但在实践中，东盟则需要通过开展更为广泛的安全合作实现本地区的稳定与和平。在《东盟宪章》中，强调各成员国应该积极配合所开展的各项事宜，针对安全领域的合作应该尽快提上议程；《东盟宪章》虽然只是概述了未来发展规划而没有落实到细节上，但对于东盟而言规定了在安全合作领域的基本规范，为后期的执行文件奠定了法律基础。内容不全面的问题在《万象行动计划》中得到了解决，该行动计划针对当前存在的安全问题进行了详细的规划，合作方式也变得多样化。为了实现这一目标，东盟从政治发展、规范形成和分享、预防冲突、解决冲突和冲突后的和平建构五个方面进行了推进。不难看出，如果没有东盟国家中存在的东盟意识，东盟国家中的地区安全合作就不能取得这样的成绩。因此，可以理解为东盟意识促成了政治安全共同体最初的观念，《东盟宪章》则奠定了共同体构建的法律基础并规范了东盟共同体构建工作，保证共同体的构建可以有序地开展。

二、东盟政治安全共同体建构存在的问题

从表面看，东盟在政治安全共同体的构建过程中比较顺利，实际上也存在较多的问题，主要体现在两个方面。

第一，成员国之间的社会制度与政治体系不同所形成的不确定因素。这些不确定因素体现在两方面：一是新成员的加入带来的不确定因素。东南亚国家由于历史上长期被其他国家殖民，因此，在独立后所形成的社会制度有所不同，早期东盟成员国均走资本主义道路，但是随着老挝、越南与缅甸的加入，原有的组织格局发生了改变，也为东盟带来了新挑战。二是东盟成员自身存在的不确定因素。这些成员国不仅出现了不同的社会制度，政体也截然不同，在这十个成员国中可以看到目前世界上几乎所有的政治体系。这些国家的民主化程度参差不齐，部分国家还处于民主化的初级阶段，这也必然引起国家内部保守派与激进派的冲突，自然而然会影响共同体的发展。东盟如若开展区域内安全一体化构建，国家间与成员国内部的安全与局势稳定都不可掉以轻心。

第二，由于成员国之间的历史渊源所形成的安全隐患。这种遗留问题多表现为两国或者三国的边界线问题、领土或者领海问题、岛屿归属权问题、历史文物归属权问题等。由于东南亚诸国有着相似的宗教与文化，又长期处于被殖民状态，独立后领海问题、领土争议、历史遗址问题等一系列问题都为政治安全共同体的构建带来了一定的困难，因为东盟无法预测什么时候又会出现相似的问题。针对以上问题东盟虽然采取"冷处理——搁置待商议"的方式，但并未实现彻底解决，一旦某个问题再次被提及，那将可能引起连锁反应，类似的问题全部重回原来状态，东盟将面临四分五裂的风险，之前所有的努力将付诸东流，这一问题也成为东盟长期无法解决的安全隐患。

第五章　共同体构建的制约因素与发展前景

　　东盟共同体是东盟发展到一定阶段的必然产物，在某种程度上可以被认为是东盟地区认同达到了一个新的高度。东盟从 2003 年开始决定构建东盟共同体，这些年也在逐渐完善对共同体的理解与布局，这并不意味着共同体的构建已经完成，而是需要确定其形体并发展扩大，在这一过程中还存在诸多制约与束缚，如何去发现这些问题并找到有效的解决办法也是未来工作的重点。东盟在这一阶段最深刻的认识是不可以将东盟简简单单地看作一个由分散在不同位置的国家组成的一个联盟，而应该看作一个真正的整体，它们的过去、现在与未来都息息相关，每一个成员国都不可以离开他国更好地发展，它们具有相同的命运，也注定要团结在一起构建统一的共同体，以此解决发展道路上的制约，创造更美好的未来。

第一节　东盟共同体构建的制约

在构建东盟共同体的过程中会遇到一系列问题制约其发展，这些制约因素大致可以分为两类：一类来自东盟内部，由各成员国之间经济水平、历史、宗教不同所造成；另外一类来自东盟外部，主要来自大国的影响。这两类因素最终都会导致成员国之间隔阂增加、信任度降低，直接影响东盟内部的合作关系，为东盟共同体的构建工作带来一定难度。

一、东盟自身的局限性

东盟在构建共同体时由于自身局限性制约主要体现在两个方面：一方面，成员国中的绝大多数还处于发展初级阶段，国内经济落后，工业水平低下，内部矛盾频频爆发，如在马来西亚与菲律宾就常常出现反政府武装势力等。面对这些问题，这些国家由于没有足够的军事能力，后续力量又不足，所以很难有效地解决问题，实现国家的稳定；另一方面，成员国在面临贫富差距、百姓生活环境、文化信仰、传染性疾病、领土纠纷等问题时也都束手无策，这也是造成共同体发展受限的原因。

东盟成立之初，首先需要解决的问题就是成员国内部的问题，因其最初的原则是不干涉他国内政，因此很多问题无法得到妥善的解决。泰国与缅甸两国在东盟成立时主要的问题是国家内部动乱不安、政权极不稳定；泰国军人严重干涉内政并伺机发起武装政变，各党派之间更是互不相让，内忧外患的情况让泰国处于水深火热之中；缅甸则主要面临政府与反政府之间的斗争。这些都是成员国自身不可忽视的问题。

其次，东盟了解目前各成员国的军事能力，也深知如果没有一个足够强大的国家做支撑，就算形成区域联盟也无法阻止发达国家干预东南亚地区的现实；但此时东盟成员国中并没有这样一个强大的支撑，因此不得不向外寻求帮助，成员国将希望寄托于大国，希望可以与区域外的国家实现联盟，并借助这些大国提高本国在东南亚地区的地位及影响力。这也导致了各成员国过度依赖区域外势力而忽视了内部的发展，在国内仅仅是继续发展农业、旅游业等产业，以此来满足国家经济发展需求。从成员国的这些举动可以看出，他们对东盟鼓励开展的内部合作并没有太大的信心，它们对东盟也没有信心，在限制自己发展的同时阻碍了东盟共同体的构建。

再次，东南亚各成员国除印度尼西亚在国土面积和人口基数上可以被称为中等国家外，其他国家都是严格意义上的小国，即便是经济发展水平较高的新加坡也难免摆脱小国的尴尬。正因为如此，东盟没有一个可以真正起领导作用的骨干国家，这也是影响东盟共同体发展的另一个原因。1997年的亚洲金融风暴就是很好的例子，当时整个东南亚都是重灾区，虽然印度尼西亚一直希望自身可以承担起领导的责任，将那些大国在东南亚的影响力弱化，更多地由东盟自主地来决定东南亚地区事务。然而当时的印尼也在想尽一切办法降低本国的损失，又有何能力去帮助其他成员国；其主要原因就是没有强大的经济与军事做后盾。这种缺乏大国支撑的现实让东盟在处理地区与国际问题时无从下手，显得有些狼狈，所以这些小国只能采取相对松散、约束力差的联盟方式开展活动，这也是东盟共同体在前期建构过程中发展缓慢的原因之一。

最后，东盟成员国之间的领土问题早在东盟成立之前便已存在，无论是现在还是将来都会是一种安全隐患。在东盟成立之前，东南亚还存在"马菲印多"与东南亚联盟这两个组织，但好景不长，两个组织因为菲律宾与马来西亚领土主权问题而被迫解散。马来西亚擅自将沙巴州划为本国领土，菲律宾甚是不满，这一问题直至东盟成立之后也没有得到妥善的解决，虽然没有大型的武装冲突，但是长期的冷战也让东盟感受到了危机。发生在柬埔寨与泰国之间有关历史文化遗迹柏威夏寺的归属权问题也曾让两国发生了大规模的暴力冲突，面对两个均有浓厚宗教基础氛围的文化国家，东盟无法找到任何理由劝解一方放弃对此文化遗址权属的争夺，除了先平复双方情绪保证地区和平外，更多的是希望通过采用和平手段解决该问题。印尼与新加坡因海员被捕事件也让两国关系恶化，妨碍了东盟共同体的构建，这次事件的主要原因是印尼认为新加坡对擅自进入其领海捕鱼的印尼海员实施抓捕并执意处死的行为违背了成员国之间的协议，印尼认为新加坡并没有认真对待两国的关系，后由泰国出面进行调和，两国的关系才有所缓和。

总体而言，在发展东盟共同体时除需要考虑构建内容、构建目标及用途外，更重要的是需要认清东盟成员国自身及成员国之间的问题，做好前期准备工作，避免由这些内部因素而导致突发状况。

二、域外势力的制约

20世纪末全球化进程提速，世界各地的地区主义瞬间爆发，大大小小的冲突以各种形式出现。一切比较成熟的地区组织通常涵盖了多个领域，具有严密牢固的组织架构及强大的竞争能力。东盟由于自身涣散、执行力弱等原因，与这些组织相比，无论是合作能力、组织能力、经济实力都没有办法与之竞争；面对这些新兴的地区主义的竞争，东盟自然也会受到牵连。东盟共同体的构建受到的外界制约主要体现在以下几方面：

第一，域外环境制约。东南亚国家所处的特殊地理位置就足以让其承受不同程度的危机，这些成员国涵盖了所有地理型国家，连接亚太、欧洲与非洲大陆，更是毗邻太平洋与印度洋，如此优越的地理位置，让具有野心的国家垂涎三尺。"二战"前，这些国家多为发达国家的殖民地，独立后由于生产力跟不上社会发展水平，没有足够的能力保护自己；加上各国所处的地理位置不同，受到的威胁也各有区别，因此该地区长期处于一种不平衡的状态，阻碍了后期东盟的发展。

第二，大国关系制约。世界各国在21世纪发生了变革，美国世界霸主的地位不比当年；俄罗斯、中国、印度这些新兴力量的崛起有力地挑战着美国的霸权地位，国际社会中不再是美国独大，而是呈现出一超多强的局面，竞争也随之愈发激烈，这主要表现在中美之间的竞争。东南亚作为毗邻中国的区域，中国的崛起势必会提升东南亚的实力甚至摆脱对美国的依赖；而东南亚被美国看作进入亚太地区的跳板，具有重要的战略性意义，面对中国的强大，美国也积极开展各项活动限制中国势力的扩张，而发生在中美之间的这种非常规权力争夺无疑会对东盟共同体形成潜在的威胁。

第三，国际政治制约。东南亚之所以成立东盟除了自救与御敌之外，更是希望获得国际政坛的支持。东南亚任何一个国家都无法在国际政坛占有一席之地，多数情况都是附庸，更没有机会提出合理有建设性的意见。长期被动的处境迫使东南亚联合起来，但在成立东盟的初期也没有起到很好的效果；东盟并没有获得预期的关注及影响力，虽然东盟再次提出构建东盟共同体博得关注，国际社会仍然保持着沉默，没有对东盟共同体给予任何帮助。加之美国在世界范围内推行的政治民主影响着国际政坛，因此也大大限制了东盟进入国际社会的速度。

除了以上原因对东南亚产生一定的影响外，东盟还面临着非传统安全的威胁，安全形势的恶化更是让东盟成员国在合作对象的选择上有所顾忌，出现如此困境，并不完全是成员国的问题，东盟本身也难辞其咎。多数情况下表现出来的更多是不作为的状态，这也让成员国不太看好东盟而选择向区域外求助。东盟虽然顺利地通过了目前的考验，但在未来发展过程中，诸多的问题还在等待着东盟，共同体的构建之路将更加艰难。

第二节　东盟成员国间信任不足

东南亚无论是从民族、宗教、文化还是政治、制度上都呈现出多元性，同时又具有一定的共性；东盟作为该地区近年来最成功的区域组织，其成员国之间却长期以来存在着猜忌与怀疑，如何确保自己的权益不被侵犯被认为是最终的诉求，这样的现状让东盟自身也很苦恼，更不要提构建东盟共同体。如果成员国间无信任可谈，又何来合作？又如何可以构建东盟共同体？

一、东盟成员国信任不足的表现

东盟成员国所处的地理位置不同，经济发展水平与国防军事实力也有所差别，因此，在共同体构建时的利益诉求也不一样，在满足本国发展及获得最大利益的同时，对邻国并没有实现完全的信任。东盟曾针对东盟成员国的 100 位精英开展互信随机抽样调查，其中无法信任邻国的比例高达59.8%；通过抽样的数据还可以看到这些国家中每个国家的信任指数略有差别，其中显示新加坡、印度尼西亚与缅甸的指数最高。由此可见，这种怀疑的现象并不是仅仅存在于两个国家之间，虽然像文莱、老挝等国家指数相对较低，但不代表不存在这样的问题。这种不信任导致最为直接的后果就是成员国之间合作减少，严重的话则会引发武力冲突。

首先，冷战后期全球经济得到了迅速发展，但东盟内部经济水平较低，各成员国间的贸易和投资水平也有较大差距。单就贸易而言，东盟各成员国更多依赖欧美市场，地区内的贸易相对较少，据不完全统计，每年发生在东盟成员国之间的贸易额仅占全年贸易额的20%，其余全部为区域外贸易进出口。而欧盟的这一数据恰恰相反，欧盟对内的贸易额可达60%甚至是70%，对外则相对较少。尽管东盟为了鼓励成员国开展更多的对内贸易，建立自由贸易区以挽救巨大的贸易逆差，但不少成员国却私自设置壁垒进行产品保护，东盟的对内贸易额仍达不到30%。新加坡作为东盟经济最为发达的国家，同时也位于马六甲海峡的海上要塞，一直担心被他国控制失去自主权，因此是第一个提出"大国平衡"战略的国家，通过开展平衡外交来保护东南亚地区的安全。这种平衡外交最明显的表现是与所有的大国都开展友好合作，但不会与某一个国家过度亲密。相较于新加坡,菲律宾的做法则更为直接,因为与中国存在岛屿归属权的争端,所以极力拉拢东盟其他成员国对抗中国,而缅甸则希望可以与中国开展更多、更为深入的合作。所以说,因东盟各成员国发展情况不同而导致的诉求差异也会阻碍东盟共同体的发展。虽然后期成立东盟地区论坛,成功与国际接轨,但是最初没有对参与国进行任何限定,也让东盟地区论坛在解决冲突及其他问题时显得很是被动,而区域外的大国则把东盟地区论坛作为进入东盟的工具,这样一来大国纷纷进入,东盟也逐渐失去对该论坛的把控力,成员国开始与这些大国开展双边合作,无形中也降低成员国之间的相互信任。

其次,在安全合作领域,区域范围内的大型合作较少,更多的是东南亚地区内部开展的双边合作,且成员国更倾向于选择外部的大国开展双边合作。虽然早在东盟成立之前东南亚国家就开始尝试开展安全合作,如东南亚协会,但各成员国对这个协会似乎并非很感兴趣,没有过多地参与到协会中,更多是以双边合作的方式进行安全合作。但毋庸置疑的是,双边合作无论是在冷战期间还是冷战后都发挥着重要的作用,而与美国、加拿大、德国、法国、意大利等发达国家建立合作的成员国更是将这些国家视为该地区的保护伞,但美国还是东南亚国家开展安全合作的首选,少数国家为了实现多维度安全甚至分别与不同的发达国家建立双边合作关系。

再次，东盟成员国在出现问题时很少会遵循先沟通后行动的原则，由于历史原因，这些国家都会认为被针对、被排挤，更倾向于首先选择武力方式来解决，这样的情况在东盟成立短短几年内就发生过很多次。如印尼曾长期对马来西亚实施"对抗政策"，苏加诺总统甚至扬言要粉碎马来西亚，主要用意是将马来西亚东部岛屿并入印尼。两国曾数次因安巴拉特海域的石油归属权问题而激化矛盾，双方不断派出海上武装力量维护各自的利益，长期的军事对峙险些酿成惨案。相较于石油归属权问题，泰柬两国有关历史文化遗址的争夺更是严重得多。泰、柬两个国家都信奉佛教，因此对柏威夏寺极其看重，但双方都不肯让步也不肯撤离驻扎在该地区的武装力量，担心一旦撤离后对方会立刻占据该地区，因此双方经常发生武装冲突。这一事件造成了大量的人员伤亡，也是近年来东盟发生过最为严重的暴力事件。除了与柬埔寨有争端外，泰国与缅甸也长期存在着矛盾。

最后，东盟也曾制定相应的合作条约并设立高级委员会，希望以此解决不必要的纠纷，但在合约正式执行的20多年时间里，高级委员会并没有收到任何成员国提交的文件，即便发生冲突，成员国也会选择双方协商或到国际法庭进行申诉。这样一来，高级委员会就完全成了摆设，起不到任何作用。印度尼西亚曾因领土主权问题提议将案件提交至高级委员会，但被马来西亚单方面拒绝，印度尼西亚无奈之下只能将案件提交至国际法庭。马来西亚坚持到国际法庭申诉而不选择东盟自己的审查团的原因很简单，即马来西亚与东南亚多个国家存在着领土纠纷，如果通过高级委员会进行审判，马来西亚担心其他成员国的判决对自己不利并形成连锁反应，导致其他领土主权的丧失；但是提交到国际法庭则不同，双方的概率都是各占一半，所以胜算更大一些。类似的情况还有马来西亚与新加坡的领土主权问题，同样也是在国际法庭受理审判的。

东盟曾在举行峰会时建议所提议的决策需要通过"东盟方式"来决定是否生效，"东盟方式"最大的特点就是"协商一致"，但协商一致并不是要求全票通过，只要绝大多数成员国同意或者没有强烈的反对即可。后来这种"东盟方式"发展为不需要全部成员国的参与，成员国也可以在后期想加入的时候选择合适的时间加入。如此一来，"东盟方式"具有了一定随意性，符合《东盟宪章》所强调的独立自主，但也具有一定的不足，如果某个成员国因为没有满足本国的利益而强烈反对，那么这项计划将被搁浅，东盟也没有任何的强制措施。这种过度重视一致性的原则最初的目的是保障所有成员国的利益,但也在很大程度上分化了这些国家,并没有能把各成员国的力量整合起来;这些国家都处于发展阶段,而且还有着很多争端,以这种形式出现的"东盟方式"让东盟共同体的构建工作变得更加艰难。

从以上几个方面可以很明显地看出,此时的东盟并没有太多的信任可言,成员国更多的是关注自身发展;成员国由于各种原因互不相信而不合作,宁愿选择曾经的宗主国也不选择邻国的态度让东盟也无可奈何,这样的情况一直持续20余年才有所好转。

二、东盟成员国缺乏信任的原因

东盟各成员国之间出现信任缺失的主要原因是这些国家之间存在巨大的差异同时又有一部分相似,这两点让这些成员国在互动时难以判断对方的想法而开展各种臆想。一方面,双方都会担心对方可能得到了更多的利益;另一方面则是过于担心主权问题,担心双方合作时为了一些利益会丧失主权最后沦为附庸国。这一系列的臆想与担忧无法让成员国互相信任继而开展合作,为初期东盟共同体的开展带来了一定的难度。

在经济领域上,新东盟成员与老东盟成员存在着一定的差距,即使是老东盟成员中经济发展也是不均衡的。根据统计出来的人均国民收入水平，世界银行将新加坡与文莱评为高收入的国家，其余成员国则直接被归为经济落后国。东南亚的国家多数为农业型国家，基础设施落后，工业基础单薄，缺少投资环境，出口产品单一，虽然在近些年通过开发旅游业国民经济有所改善，但与新加坡这样的国家相比，仍有不小差距，因此在经济合作中常常处于劣势，严重打击了这些国家开展合作的积极性。在经济一体化的背景下，这些国家所受到的冲击更大，所以这些国家更愿意将重心偏向于国内，不愿冒险舍弃本国利益去寻求所谓的"更大利益"。

在安全领域上，东盟成员国也面临着区域内外不同的威胁，这些问题最终都回归到成员国的主权问题上，这些国家担心因为国家的弱小而被强国因安全问题干涉内政。东盟成立之初，由于国家的管理能力不足、执行力弱、经济水平落后、生活环境恶劣等原因导致各成员国国内政局也极其不稳定，国民生活艰苦，暴乱冲突事件时有发生，社会动荡不安。尽管这些成员国政府意识到需要尽快实现国内稳定，但是国家的现实摆在眼前，只能通过暴力快速解决问题，但也容易让类似的事件再次发生。这些事情的发生往往在东盟内部会被肆意放大而被其他成员国批评，这也让成员国更加警惕，担心这是邻国通过此法介入本国内政，因此也造成了东盟成员国之间的紧张局面。其他国家也不敢轻易染指这些事件，担心暴力外溢而给自己国家带来不可估量的损失。以新加坡与文莱为例，这两个国家在经济水平上相对发达，现代化程度较高，国内政局相对稳定，是政府管控能力强的发达国家，但由于国土面积与人口基数较小，军事力量空虚，没有全局的战略部署，也常常担心安全问题，更何况是东盟其他那些发展落后的国家。新加坡与文莱在与其他国家开展交流合作时，对外界环境极其敏感，担心随时形成的安全威胁，这种危机感不是国内的动乱、政权不稳、经济发展所导致的，更多是来自邻国的压力（新加坡曾属于马来西亚，被剥离后成为独立国家，但周围还有两个当时极其不友好的邻国，危机感的形成也在情理之中；文莱则是以富饶的石油和天然气资源让他国羡慕，但国土硬生生地被马来西亚所分开也足以增加危机感）。其他落后的国家则需要同时面对传统与非传统安全问题，但在面对这些问题时，没有足够的能力也没有足够的经验处理，既想找一个可以依靠的对象，又担心邻国会趁机有所作为，因此不愿与邻国开展合作。

在社会文化领域上，东盟成员国存在宗教信仰与政治制度的问题。由于东盟成员国长期受到他国殖民，因此在政治制度及宗教上存在很大差别，想实现完全的一致性是不可能的，这种内在的"异质性"间接地将东盟意识、地区认同按照区域及宗教重新划分了区域。即便具有相同政治制度的国家，也因此产生了差异而拥有了另一个身份定位。如印度尼西亚、马来西亚与文莱这三个国家全部是马来人居多的国度，他们信奉伊斯兰教，但由于国家政体不同，也有着一定的历史恩怨，甚至一度传出要消灭对方的消息。这是发生在成员国之间的事件，成员国内部也可能发生类似的冲突。泰国也拉、陶公等地区曾多次发生武装暴力事件，因为这些地方多为信奉伊斯兰教的马来人，因此泰国怀疑这些事件是在邻国马来西亚煽动下而发生的也可以理解。新加坡是以华人为主的国家，而华人在印度尼西亚与马来西亚的比例也不少，并在经济发展环节中起到重要作用，为此两国对新加坡长期存有防备之心，两国甚至发生过针对华人的恶意伤害事件。面对这些巨大的差异与对立，成员国之间的相互猜忌无法避免，甚至成为成员国之间发生矛盾的导火索，加剧恶化了东盟分裂。

这些只是东盟成员国之间互不信任的部分案例，随着东盟的发展更多的问题也将会暴露。然而现实中，信任是合作的基石，只有完全信任才可以促进合作发展，反之亦然。国家之间的信任是开展活动与合作的基础，更是实现区域构建的原始积累，这也是为什么东盟一直致力于东盟意识、地区认同工作的开展,并希望成员国在互信的原则下达成合作,构建一个高凝聚力的国际化区域组织,实现快速发展及长期稳定的夙愿。

第三节　东盟共同体构建的应对措施与发展前景

对东盟而言,东盟共同体的建构还很不成熟,这个"生命共同体"还处于发展阶段,需要进一步成长和完善。东盟在发展构建过程中需要通过不断学习积累高层次认知,其间,每个成员国都需要共同参与才可以实现,实现成员国之间信任的建立与长期维护。在这个方面,东盟共同体的构建将会是一个异常困难又紧迫的任务。因此,东盟需要建立更多可以落实的机制以对成员国加以管控,实现制度的透明化与可实施性,通过合作提高成员国彼此间的信任,增强东盟意识与东盟认同的概念,让成员国可以从一个整体出发考虑所有事务。

一、东盟共同体构建的应对措施

东盟在开展共同体的构建工作时主要从经济、社会文化与政治安全三个方面展开，虽然没有严格地制定构建先后顺序，但从目前所制定的文件与开展的合作可以看出，前期的重心是经济，后期才是社会文化与政治安全，因为经济与社会文化是基础，反过来制度化政治行为又可以促进地区的经济与文化交流，所以这三者之间的关系相辅相成。因此，在构建东盟共同体时，针对遇到的问题采取了以下的方式加以改进。

第一，通过东盟经济共同体的构建实现成员国之间的信任建立、集体认同与区域认同。这种以成员国最关心的内容作为出发点可以说是最好的认同基础，也获得了成员国的认可并迅速开展了切实行动。在这样的环境下，货物、服务、资金与投资均可以在东盟区域自由流转，东盟也将成为一个发达的经济共同体。这是早期对自由贸易区的构想，东盟也一直努力实现高水平的贸易合作，让地区的经济增长在短时间内爆发，而配套的海关手续的简化，更是为成员国之间开展的贸易、投资、服务等提供了便捷。在经济共同体的构建过程中，东盟会刻意避开传统安全问题所带来的不必要的影响，最大效率地提高成员国之间的联系，深化国家之间的合作诉求与依赖，从而实现成员国的集体认同与强烈的归属感。同时，在合作中，东盟一直追求经济的可持续发展理念，这样的发展更符合实际情况。如若选择短、快的发展模式，虽然可以达到立竿见影的效果，但并不是长久之计。因此，东盟所制定的每一项制度或提议都是为了经济共同体长远发展所考虑。值得注意的是，由于各成员国之间发展水平不同，所以在落实制度时并未一视同仁，而是有针对性地、分阶段地循序渐进，同时坚持可持续发展理念，针对小国、落后的国家采取切实的措施，避免两极分化的现象愈演愈烈。通过采取有效务实的措施，认真执行既定的东盟经济共同体计划，缩小了各国的经济差距，提高了成员国之间的信任，更重要的是夯实了未来的东盟共同体的经济基础。

第二，改善东南亚国家自身构建能力，合理地缩小这种能力差距。此举主要是为了降低成员国互相间造成的危机感，增加区域凝聚力与地区认同。当一个国家强大时，它会在各个方面都有所体现，并非是有意宣传但却被其他国家看在眼里，难免会造成"人红是非多"的现象。一个国家的构建能力不仅体现在国家的治理上，更包括经济构建能力、活动的组织管理能力等多个方面。经济基础决定上层建筑，所以一个国家的经济构建能力从国家发展之初就应给予应有的重视。首先，成员国需要改善国内的经济构建环境，扩大经济构建领域，因为经济是维护社会稳定的基础，也是与他国开展合作的基础；东南亚地区经济发达国家屈指可数，除新加坡与文莱外，其余各国都还处于发展的初级阶段，因此这些国家应该调整国内经济结构,加大对技术引进、人才培养等方面的资金支持,改善国内投资环境及商品出口政策,探寻可以支撑东盟经济发展的新领域,提高东盟的国际竞争力。其次,维护政治的稳定与提高社会文化水平的管理能力。政权稳定也就预示着社会的和谐发展,强而有力、灵活却不涣散的制度构建必不可少。亨廷顿曾指出:社会越复杂,国家的政权就越需要政治制度的约束,但又不可将所有权力置于中央实施百分百的统治,而要让各个阶层的民众都可以参与进来,通过制度化的管理实现并争取相应的利益,这样才算成功,也是提高国家内部凝聚力、维护社会稳定、减少冲突最有效的方式。

第三,重新确定东盟制定的不干涉原则范围,必要时可以出面进行"适当"的调解。出现这一问题的主要原因是东盟成立时为了稳定新政权及平衡成员国之间的利益而制定的政策,最初虽然起到了一定作用,但是随着全球一体化升级及世界格局的改变,成员国之间的合作交往更为密切,如此突然的变化让东盟对成员国之间的关系也捉摸不清。面对非传统问题多发带来的影响时,东盟意识到此时国家、国界已不再是原来的含义,界限已经逐渐淡化,这样也就导致各成员国担心主权问题而拒绝配合,因此,学界也开始重新审视这一处事原则和决策方式的利弊。

第四，在原有双边合作的基础上开展更多的多边合作。首先，这样的区域安全机制为成员国之间的合作提供了基本原则与规范，让整个区域内的合作更加透明化与规范化。成员国所开展的活动可以获得一定的预测，因此它们也会遵照这些机制规范自己处理问题的方式。其次，安全合作机制可以有效地减少冲突爆发的可能性，在双方或多方实现互惠互利的情况下，更多的是开展更为深入的合作实现其他的利益。在这样的机制下，成员国不会因为某些突发因素而贸然取消合作，对东盟意识、集体认同和国家间的相互信任都起到稳定作用。最后，合作机制可以为解决区域成员国之间的纠纷提供一个有效的渠道，增加成员国对和平解决问题的预期，将负面影响降到最低。在这些制度构建方面，东盟主要是通过加强成员国之间的合作与东盟地区论坛这两个方面展开。成员国之间的合作更多关注的是非传统安全问题，针对不同的问题制定宣言与规划，定期召开针对当前所面临的非传统安全问题的会议，加强各国合作的积极性、信息交换的及时性、采取行动的有效性，确保在危机发生时可以迅速采取应对措施。在东盟地区论坛构建上，由于参与论坛的国家逐渐增多，东盟逐渐失去论坛主控权的问题也日益凸显，因此，东盟也在积极采取措施改进并完善该论坛的构建，强调成员国之间的协调合作及工作效率，杜绝论坛中存在霸权主义的现象，有条不紊地推动论坛发展。

第五，与大国合作应对非传统问题时，保持自身的独立性，避免现实与潜在的压力。美国"9·11"事件后，全球范围内迅速掀起反恐行动，东盟作为恐怖袭击的重灾区，也趁此时机与美国联合开展非传统安全领域的合作，《美国与东盟合作打击国际恐怖主义联合宣言》的签订标志着双方正式开始了全面反恐工作。此外，东盟为了维护与美国的关系，频繁举行联合军事演习及多方会晤。各成员国中，菲律宾最为活跃，新加坡也不甘落后，针对海盗问题、恐怖主义等内容与美国召开了亚太国防首长会议。中国是继美国之后东盟较为重视的大国，由于天然的地理条件及经济发展速度，东盟逐渐将重心移向中国。《中国—东盟非传统安全合作联合宣言》意味着东盟与中国开始尝试在非传统安全领域的合作，更可以理解为东盟当前愿意与中国开展各个方面的合作。其他形式的论坛也实现了东盟与他国的对接，有效地解决了东盟与大国针对非传统安全问题的异议，营造了良好的地区稳定环境。但在这些合作中，东盟发现在某些情况下无法起到主导作用，而只能附和与听从，这也提醒东盟应保持合作的独立性。

因此，在建构东盟共同体时，应该以经济构建为基础并促进合作机制的形成，实现东盟成员国之间的相互信任。与此同时，提高成员国的构建能力，缩小成员国之间的差距，培育成员国的东盟意识与集体认同。在区域内合作上，尊重他国主权，但是必要时也可以针对"不干涉"原则进行解释进而实现成员国的最大利益；而在区域外的合作上，除了尽可能多地开展合作外，更重要的是保持东盟的独立自主，避免主控权落空的情况出现，这些行动的有效开展将对东盟共同体的构建起到推动和促进作用。

二、东盟共同体的发展前景

从确定构建东盟共同体议题到后期的实施，无时无刻不充满着挑战；东盟所有的成员国严格意义上都是小国，自身的国际地位较低，所以在地区合作中往往都处于被动地位，没有能力也没有精力应对国际问题，改变这种窘境也是各成员国的长期诉求。东盟的成立为这些国家带来了希望，但前期东盟的不作为又让这些国家有些失望，随着后来的改进及东盟共同体的提出，让这些国家相信可以依靠东盟实现自己的价值，国家间的关系也趋于稳定并呈现良好趋势。

2006年在吉隆坡召开的首届东盟部长会议上，各成员国领导人一致同意将构建东盟共同体的完成日期定在2020年，并希望实现东盟综合实力的提升。2007年东盟峰会上各国领导人一致同意关于缩短共同体的建设周期的提议，足以表明东盟各成员国对共同体完成构建的迫切意愿。但事与愿违，截至 2018 年东盟也没有完成共同体的构建，这并不能说明东盟失败了，只能说明东盟共同体的构建异常复杂与困难，东盟没有真正意识到此项工作的难度与复杂度，也没有考虑可能出现的突发因素，以自身实力无法在短期内快速完成。东盟共同体能在如此的困境下留存并逐渐发展壮大最根本的原因是地区的需要，但也将面临各种新的挑战。2020 年本应是东盟共同体建设完成的时间，但是截至 2020 年 12 月，东盟仅仅在经济共同体领域有所突破。虽然新冠肺炎疫情对共同体的进程有所影响，然而这并不影响大局，东盟在共同体的建设工作上还存在诸多不足，这不仅局限于成员国之间的发展不均，更重要的是东盟对自身认识的不足；建设初期是希望通过自身的发展实现共同体的建设，直至后期借助外力时，东盟共同体的建设呈现快速发展的趋势。2020 年发生的新冠肺炎疫情，让东盟成员国进一步认识到作为一个整体的重要性，东盟"生命共同体"的概念更是深深印入每一个成员国，也得到其他大国（尤其是中国）的认可和支持。中国视东盟为周边外交优先方向和高质量共建"一带一路"重点地区，支持东盟共同体建设，支持东盟在东亚合作中的重要地位，支持东盟在构建开放包容的地区架构中发挥更大作用。中国—东盟关系成为亚太区域合作中最为成功和最具活力的典范,成为推动构建人类命运共同体的生动例证。

21世纪,随着世界格局的变化,地区的概念越发重要,在面对世界都在向更紧密的方向发展的同时,地区上的一体化进程在全球各个区域展开;但不同的地区形成了具有自身特点的地区主义,也逐渐以集体的身份开始了各种角逐。全球一体化的大背景下,原来只限于国家内或地区的问题不再有区域的限制,而是发展成为全球性的问题,波及范围及影响更为广泛。此时,这些问题不再是一个单独国家可以解决的,哪怕是美国也没有这个能力。东盟各国更是如此,在相对落后的情况下,没有足够的综合经济实力独自解决这些问题。因此,东盟共同体的建立,可以说是东南亚国家顺应时代的产物和自身发展的需要,也可以说是东盟成员国为了排除自身弱小等因素开展自救的一种方式,实现了东盟国家整体共赢,亦提升了其国际地位和影响力。

东盟共同体构建时间的确定与修改让东盟在很短时间内发生了跳跃性的发展,也取得了显著的成绩。东盟自由贸易区的构建、东盟地区论坛、APEC会议、"10+3"政策都对东盟共同体的构建起到了推进作用,但后续工作也需要逐步完善。中国提出的"一带一路"倡议更是带动了东盟的全面发展,也为东盟各成员国之间的合作创造了更多的机会,进一步提高了信任度与集体认同感。可想而知，东盟共同体未来必将成为东盟维护自身发展的重要武器，那时东盟将不再需要依附大国，也会在国际舞台上拥有一席之地。事实上，东盟与东北亚国家的中国、日本和韩国也在共同建构整体的"10+3"东亚合作机制，并且还分别与这三个国家建立"东盟+1"合作平台，东南亚和东北亚两个地区已经紧密地联系在一起，并且有了制度化的合作。因此，东盟国家合理的选择应该是，将自身的"生命共同体"的设计与发展与东北亚国家结合起来，这样才更能获得自身发展的动力。

第六章　东盟与命运共同体

　　东盟作为东南亚地区最为成功的区域性国际组织一直受到各国学者青睐，但在长达50年的时间里，东盟发展较为缓慢，直至2003年确定全面构建东盟共同体，其发展速度才有所提升。从目前东盟共同体构建进度及所遇到的问题来看，东盟共同体如同婴儿一样，只是具备了基本的形态，无论是在心智还是功能上都还有所欠缺，需要不断发展才能成熟；各个成员国处于相互依存的状态，彼此不可以分开，如同婴儿的每个器官，拥有的功能不同，不能独立存活，只有保持完整才可以发挥最大的功效。中国提出的"一带一路"倡议无疑为这个"婴儿"提供了丰富的养料，将世界各地的营养成分运输到东南亚地区，这也形成了中国—东盟共同体、亚太命运共同体乃至人类命运共同体，构建成全球统一的命运共同体。"一带一路"倡议在其中起推动作用,将世界各国紧密地联系到一起。

第一节　东盟共同体的生命理论建构

东盟共同体的构建工作目前已开展了 10 余年，在三个方面的进度有所区别，截至目前，东盟仅在经济共同体领域有所成就，社会文化共同体与政治安全共同体的建设相对滞后。2020 年受新冠肺炎疫情影响，东盟将重心放置在社会稳定与人员安全方面，有效地促进了东盟共同体乃至东盟命运共同体的建设，但这些还远远不够，东盟共同体的建设工作仍需要一定的时间。早期的东盟由于缺少各类资源而导致营养补给不足，因此东盟共同体也是一种构想。但是从目前发展来看，东盟所设定的共同体三个方向已无法满足自身的需求，如同房屋的支柱一般，需要第四个领域共同支撑共同体的构建，需要从全新的观点出发探讨东盟共同体的建构及其发展。

一、东盟生命共同体与"胎儿+生命"理论

进入 21 世纪后,世界各国发展提速,一体化程度逐渐加强,整个世界在一体化的大趋势下向更加紧密的方向前进着。但在这一系列的变化中,可以发现部分区域形成了具有特色的地区主义:从广义范围上都属于地区的范畴,但是从细分上又相互有所区别,各具特点。全球一体化带来的是国家之间更为密切的联系,但东盟成员国在面对跨国、跨区域等经济、社会文化及政治安全问题时,单独的一个国家没有足够的能力解决该问题,东南亚国家因此联合起来建构东盟。

"东盟共同体"的初衷主要是借助集体的力量来应对外来威胁,同时也可以化解内部危机,这种现象的出现既是一种必然结果,也是东盟发展的刚需。从 1994 年东盟共同体被首次提出并建议于 2020 年完成构建工作,继而缩短建设周期至 2015 年,在这段时间里东盟都在卖力地宣传东盟共同体的构建工作,但是开展的实质性工作较少,效果也不是很显著。从理论上看,东盟共同体在近几年确实取得了很大的成功,每次东盟的峰会及论坛都是围绕东盟共同体构建展开,但这也仅仅是在理论范围内。东盟各成员国没有进一步开展工作的方案,各国在积极配合的同时又各有打算,担心所签署的文件会损害本国主权及利益,这在无形之中限制了

东盟共同体的发展。事实上，目前东盟各成员国在全球快速发展过程中已经发现了本国发展的短板，意识到与邻国开展合作快速发展是各成员国的首要任务，虽然东盟各成员国之间也存在分歧与纠纷，但总体上来说各成员国之间是相互依存的。

新加坡作为发展最为快速的东盟成员国，工业及制造业水平在东盟国家中首屈一指；泰国发展虽然仍以农业为根本，但近几年旅游业已经逐渐成为经济支柱，随着技术引进及现代化产业的完善，泰国的发展必将提速；文莱的石油和天然气资源丰富，经济上高度依赖石油和天然气出口，并通过扶持企业发展、引进外资及开展旅游业等政策保障国家经济发展。相比以上这三个国家，其他各成员国则显得略逊一筹，目前仍以农业为主，工业水平不发达，部分国家寄希望于旅游业的发展，但仍无法根本改变农业国的属性。

对于这些落后的国家而言，在保证不丧失主权的前提下还可以快速发展的最佳方式就是与邻国开展合作，通过各种协议去实现一个共同的目标。从最开始以尝试的心态开展部分合作，继而发展到深入合作，领域也从原来所局限的经济贸易拓展到了社会文化乃至政治安全领域。从最开始的合作到最后想实现一个目标，东盟各成员国最初的想法是一致的，是由各成员国性质所决定的：经历了早期的殖民时期，它们知道以自身的实力在面对强敌时没有任何希望，因此通过合作将希望寄于邻国，这样一来无论是面临东盟成员国或其他发达国家时，都可以快速找到联盟作为支持本国的后盾。在形成一个完整的共同体之后，东盟将更具有权威性，在国际场合不再是以一个落后的面貌出现，更多是以东盟的名义发言。常言道"牵一发而动全身"，这是东盟最想看到的结果，也是东盟最希望展现给别人的一面。综合来看，把这一产物理解为"东盟生命共同体"可能更恰到好处，因为各成员国具有极其相似的属性，没有一个国家可以脱离其他成员国迅速成为强国，它们互相牵制，虽然一部分成员国发展较快，但是它们在某些方面还是离不开发展落后的邻国。

生命共同体的概念是近几年逐渐被学术界反复提到的一个新理念，重在强调精神构建与实践两个方面。命运共同体的核心特征是"同舟共济""合作共赢"，以全新的视角去审视当前的国际形势，希望采用和平方式实现各国的合作与发展。东盟命运共同体则是指各成员国之间虽然各有不同，但因经济全球化和区域一体化的快速发展而相互间建立一种无形的内在联系，由此而构成了"你中有我、我中有你"的生命共同体。同时，粮食安全、金融危机、全球变化及恐怖主义方面需要共同努力应对合作，但又必须顺应世界多极化发展的趋势，单独的东南亚国家没有足够的能力和国际地位，也没有相应的话语权,将各国的政治经济的能力集中起来,才可以避免被边缘化。

虽然这一最终目标由于各国的发展差距在短时间内无法实现,东盟生命共同体还只是一个雏形,但它已经具备基本元素与轮廓,就像一个刚刚孕育的胎儿一样,有细胞(东盟成员国的公民,东盟效仿欧盟为所有成员国居民发放东盟身份证,便于在成员国之间往来)、有器官(泛指成员国,每个成员国所在的位置代表着不同的器官,但没有独立发挥作用的功能),每个部分都有最基本的联系,缺一不可。此时,这个"胎儿"还在发育期,每个器官都已发育成形但是还没有成熟。应该说,东盟这个国际组织本身还不像欧盟一样已成为一个成熟的实体,目前还无法独立生存和发挥作用,只能用"胎儿"的概念来表述这个不成熟的生命共同体。在这个过程中,需要从外部获取营养的补给以及经验的指引,为东盟生命共同体后期的发展提供养分。目前东盟初期的生命共同体已经得到了世界公认,随着中国"一带一路"的开展,无疑为东盟的团结增加了浓重的一笔,可以把这视为增强自身发展的机遇,东盟成员国之间将会开展更广泛的深入合作,构建真正的东盟命运共同体,互利共赢、共同发展。

基于此,东盟共同体可以被描述为一个"胎儿",虽已成形,但还不成熟;她似乎也有成形的主体,但还没有完全成长起来；她依靠东亚和世界的母体来滋养，希望未来能够茁壮成长，成为一个健康而富强的生命共同体。下图便是根据东南亚的现实地图，想象出的一个"胎儿"的东盟生命共同体的形象。

成员国模拟图。

根据东南亚的地图，可以隐约地看出一个"婴儿"的雏形。也可以说，"东盟生命共同体"就是一个婴儿。婴儿的头部是缅甸、老挝、泰国、越南与柬埔寨，胸部是马来西亚、新加坡与文莱，印尼是背部的脊椎与双腿，菲律宾则是双臂。东盟共同体就是一个"生命共同体"的概念，这一概念可以形象而生动地表达出东盟共同体的内涵。

二、东盟共同体的母体：脐带与营养

东盟生命共同体的构建是一个长期的系统性工程，需要各成员国从合作关系、安全格局、经济合作、文化交流及生态维护五个大方面达成共识方可成功。

这五个方面可以认为是将东盟十国紧紧连接到一起的筋与骨：各成员的合作构建了躯壳，经济、文化与生态合作是衔接与支撑各部分的骨骼，安全合作则是将所有成员国紧密衔接的筋脉；而中国所提出的"一带一路"倡议则可看作为东盟这个"胎儿"提供营养补给的脐带，不同的营养从世界各地源源不断地输入这个"胎儿"的体内。

"一带一路"倡议希望通过政策、基础设施、贸易、金融及民生五个领域的合作实现命运共同体构建，虽然也有提升中国自身战略能力的考量，但却对东盟及其成员国有着不可估量的促进作用。"一带一路"袭承了古代"丝绸之路"的概念，由习近平主席出访中亚和东南亚时再次提出。从"一带一路"倡议正式被提出到如今有40多个国家与国际组织的联合合作、100多个国家与国际组织的支持也经历了从出生到成长的过程。2013年时东盟全面开展东盟共同体的构建工作，中国领导人在出访中亚和东南亚时提出"一带一路"倡议，虽然得到国际上的高度关注，但是在后续的半年时间内除了中国的努力外，并没有太多的进展。东南亚诸国对此更是有些彷徨，担心中国进一步进入东南亚地区，为本国的主权表示担忧，因而没有过多的参与。随着2014

年下半年、2015年与2016年,中国陆续与阿拉伯、俄罗斯、捷克等国家和地区实现战略对接后,东南亚国家才逐渐加入该项国际计划。此时,与东盟预期完成东盟共同体构建工作的节点还有一年的时间,但除了东盟经济共同体可以算勉强完成外,社会文化与政治安全两个领域均是严重滞后的状态,仅仅通过东盟内部的自循环无法满足发展的需求,需要一个长期可持续的媒介为东盟源源不断地输入新鲜营养,供其发展,否则东盟的成长将会比较缓慢,甚至是因"营养不良"而停止生长。

"一带一路"倡议很好地发挥了"脐带"作用,作为一个系统性的长期工程,将世界各地的"营养"持续输送到东盟。综合观察"一带一路"的作用,可以大致总结为以下几点。

(一)长期性

"一带一路"倡议的计划与实施并非一朝一夕可完成,需要多个国家耗费多年的时间共同努力方可完成。从目前来看,这项工程至少需要10年或者更长时间,这也就意味着,东盟在这10年内将获得前所未有的资源,共同体的构建工作也会明显加速。

(二)综合性

"一带一路"倡议横跨多个大洲,因此其所涉及的范围相对较广，从经济、人文、政治、社会全部都在合作范围内，综合性较强也不受地域限制，这将有利于东盟共同体的构建工作，让东盟共同体和谐发展。

（三）互动性

"一带一路"倡议不是一个国家可以独立操作运营的，除了东盟与其他国家对接合作外，成员国之间也需要相互配合，否则将导致部分国家营养过剩、部分国家营养不良，只有均衡营养，才可以健康成长。

从以上分析可以了解到，东盟在最初协商构建东盟共同体时并没有充分了解其背后的意义，只是认为这项任务是理所应当的事情，因此很长时间都没有真正去努力，也没有很大的成就。在了解东盟共同体之后，考虑到成员国之间的发展差距，东盟将其发展方向分为三类并设定完成时间，此时虽已有所醒悟，但视野还是有所局限，在考虑问题时还是有片面性，没有从一个完整的角度去分析，这也是发展受限的一个原因。东盟共同体其实更像是习近平主席所提及的东盟生命共同体，东盟是不可分割的，如同婴儿一般，各个部分需要紧密连接在一起，在各个领域的发展都应该是协同的状态；此时的发展方向的划分应该将环境单独区分，成为第四个支柱，不再隶属于社会文化共同体中，这样东盟共同体的方向才更为清晰。经济与文化是连接各个器官的纽带，环境是胎儿孕育的羊水积液,政治安全则是保护胎儿发展的胎盘,最为重要的就是"一带一路"所发挥的脐带作用,提供营养与补给。

应该说,东盟国家通过"一带一路"与中国的战略对接,将使东盟得到来自东北亚的强大动力,使东盟共同体的建设获得新的活力。

第二节　命运共同体现状与发展

当前，世界多极化、经济全球化、社会信息化、文化多样化深入发展，国际格局以西方占主导、国际关系理念以西方价值观为主要取向的"西方中心论"已难以为继，新兴市场国家和广大发展中国家快速崛起，日益改变国际力量对比。国际社会迫切呼唤新的全球治理理念，构建新的更加公正合理的国际体系和秩序，开辟人类更加美好的发展前景。习近平主席在俄罗斯莫斯科国际关系学院首次向世界提出"命运共同体"重大倡议，呼吁国际社会树立"你中有我、我中有你"的命运共同体意识。这一理念传承和弘扬了中华优秀传统文化精髓，具有丰富的文化意蕴，既具有鲜明的中国特色，又蕴含全人类的共同价值追求，赢得了世界大多数国家和人民的高度认同。

国际社会已普遍认识到这一理念不仅是中国对外政策的

指导思想，也为国际社会整体进步发展提供了解决方案；认识到这一理念能够指导解决当前国际社会面临的主要全球性议题和深层次问题。"命运共同体"理念共经历三次重大跃升，并在这三大实践平台不断走深走实。

第一次重大跃升："命运共同体"理念的提出引发国际社会高度重视，"体现对世界大势的清醒判断和对未来走向的准确把握"。

2013年3月，习近平主席在莫斯科国际关系学院的演讲中，第一次在外交场合提到"命运共同体"概念，指出："这个世界越来越成为你中有我、我中有你的命运共同体，和平、发展、合作、共赢成为时代潮流。"此后至2015年9月，习近平主席在国际国内不同场合至少62次提到"命运共同体"概念，并先后创造性地提出了"中非命运共同体""中国—东盟命运共同体""亚太命运共同体""中拉命运共同体"等具体理念。

"命运共同体"概念提出之初即在海外引起积极反响。汇总分析2013年至2015年国际主要媒体及智库言论可以发现，在此期间，包括美国等西方舆论在内，国际社会已经普遍意识到该理念具有全新指导意义和适用价值。

第二次重大跃升："命运共同体"内容日臻丰富成熟，掀起国际社会讨论热潮，"成为创造所有人幸福生活的人类共同理想"。

2015年9月,习近平主席在联合国总部发表题为《携手构建合作共赢新伙伴 同心打造人类命运共同体》的讲话,明确指出要"构建以合作共赢为核心的新型国际关系,打造人类命运共同体"。这是中国最高领导人首次在重大国际组织场合中提出"人类命运共同体"的概念并详细阐释核心思想。此后到2016年12月,在第二届世界互联网大会、华盛顿核安全峰会、上合组织成员国元首理事会第十六次会议、金砖国家领导人第八次会晤等场合,习近平主席先后提出"构建网络空间命运共同体""核安全命运共同体"等具体理念,使"人类命运共同体"的内容日臻丰富完善。

其间,习近平主席的数次演讲赢得了国际社会的一致好评,通过全面阐释和深入解读,"合作共赢""共同安全""共享发展"等论述为全球治理提供了全新的思路与模式,成为国际舆论热议并接受的重要论断。统计研究发现,2015年9月至2016年12月,国际智库及主要媒体涉及"命运共同体"的内容迅速增加,数量同比增长在150%以上,且正面解读言论明显增多。日本前首相福田康夫认为,这一理念指向"创造所有人幸福生活的人类共同理想",这一目标揭示"只顾自己发展的思维是不行的,要兼顾他人,兼顾世界"。英国48家集团俱乐部主席斯蒂芬·佩里

（Stephen Perry）认为，这一主张表明"中国希望与世界分享繁荣与利益，在经济、安全等方面承担责任"。

第三次重大跃升："命运共同体"内涵、愿景与路径全面明确，成为指引国际关系的重要准则，"对中国和世界都具有划时代意义"。

2017年1月，习近平主席在联合国日内瓦总部发表题为《共同构建人类命运共同体》的主旨演讲，阐述了中国为何要推动构建人类命运共同体、要构建一个什么样的人类命运共同体，以及怎样构建人类命运共同体三大基本问题。此次演讲全面明确了"人类命运共同体"理念的动因、愿景与实施路径，显著提升了这一理念的影响力和感召力。此后至今，习近平主席在第一届"一带一路"国际合作高峰论坛、中国共产党十九大、中央外事工作委员会第一次会议、中非合作论坛北京峰会等多个重要场合，详细阐述其内涵、愿景与路径。

这一时期，国际主要智库及媒体相关内容数量再次明显提升，认同度更趋加强。世界经济论坛的创始人克劳斯·施瓦布（Klaus Schwab）认为，这一讲话"具有历史意义"。联合国社会发展委员会第55届会议主席菲利普·查沃斯认为，这一理念体现了中国人着眼于维护人类长远利益的远见卓识，符合《联合国宪章》的宗旨原则，对联合国推动世界各国实现可持续发展目标非常重要。

自"人类命运共同体"理念提出以来，其内涵不断完善，实施路径细化落实，实践项目"开花结果"。这推动了各参与国建立更深联系，真正形成利益共同体、责任共同体、命运共同体，也成为国际社会对此理念高度认同的重要原因。其中，"一带一路"倡议、区域人类命运共同体建设以及新组织新机制建设成为"命运共同体"理念的三大实践平台。

第三节　东盟共同体与命运共同体的关系

东盟共同体是构建命运共同体不可或缺的一部分，习近平主席多次强调"中国—东盟命运共同体""亚太命运共同体"等概念；命运共同体是一个宏大的概念，这里并不是简单的划分，而是从全球范围把握人类利益和价值的通约性，在国际关系中寻找最大公约数，改变地区各国的发展状态，带来全方位的发展进步。

中国—东盟的合作取得了伟大成就，中国政府始终强调中国愿同东盟做共建和平的伙伴，支持东盟在构建开放包容的地区架构中发挥更大作用。目前，中国和东盟同为发展中经济体，双方合作潜力巨大，中国希望与东盟打造更高水平的战略伙伴关系，构建更为紧密的命运共同体。

中国—东盟共同体有望成为命运共同体的示范区。自中国与东盟建立战略伙伴关系以来，中国始终把东盟作为周边外交的优先方向，积极与东盟发展经贸投资合作关系。中国充分理解东盟国家发展经济、改善国民生活水准的强烈愿望，始终将发展理念贯穿于对东盟的合作与经济外交实践。中国倡导的"一带一路"和区域合作体现了发展导向，与东盟共同打造发展共同体、利益共同体、责任共同体，最终走向繁荣共同体、安全共同体和命运共同体的前景可期，大有可为。在2013年中国—东盟建立战略伙伴关系十周年之际，中国提出共建21世纪海上丝绸之路、携手建设更为紧密的中国—东盟命运共同体的目标，为中国—东盟未来发展指明了方向。2017年，时逢东盟成立50周年，中国与东盟的关系进入承前启后的关键之年，特别是随着中国发起召开"一带一路"国际合作高峰论坛后，中国—东盟重大合作项目取得了鼓舞人心的阶段性成果。

中国—东盟共同体双方已形成了全方位、多层次、宽领域的经贸合作格局。中国在与东盟国家的自贸区谈判中充分考虑东盟的发展需求，以独特的早期收获方式开放东盟优势农产品进口，让东盟国家得到了实惠。以发展导向与规则创立相结合，创新中国—东盟区域、次区域合作机制与合作模式。为推动与东盟发展互利共赢的友好合作关系，中国与东盟共同建立了许多合作机制。2015年11月，澜湄合作首次外长会议发表了《澜湄合作概念文件》和《联合新闻公报》，宣布启动澜湄合作进程，确立"3+5"合作框架：加强政治安全、经济和可持续发展、社会人文三大重点领域合作，现阶段重点在互联互通、产能、跨境经济、水资源、农业和减贫五个优先方向开展合作。2016年年底中国与湄公河五国发表《澜沧江—湄公河国家产能合作联合声明》，开展产业规划、政策、信息和项目等多种形式的对接合作。2002年，中国与东盟各国外长及外长代表签署了《南海各方行为宣言》。2017年5月18日中国与东盟十国审议通过了"南海行为准则"的框架文本；2018年，中国国务院总理李克强提出争取三年达成"南海行为准则"（COC）的愿景；2019年，各方提前完成第一轮审读，启动第二轮审读。这对维护南海和平稳定的局面发挥了积极作用。

中国与东盟国家在产能合作方面具有明显的互惠空间，"一带一路"倡议的推进为推动中国与东盟各国开展产能合作搭建了重要平台。随着中国企业"走出去"步伐的加快，特别是"一带一路"倡议提出后，中国对东盟的投资呈现集群式投资的特点。在"一带一路"倡议下，中国将自己改革开放过程中设立经济特区和中外经贸合作园区的经验分享给东盟各成员国，设立境外经贸合作园区，帮助东盟国家改善投资环境。目前已建立多个境外经贸合作区，如柬埔寨西哈努克港经济特区、泰国罗勇工业园、老挝万象赛色塔综合开发区、中国—印尼经贸合作区、越南龙江工业园、中国—印尼综合产业园区青山园区、中国—印尼聚龙农业产业合作区等，为将来进一步推进中国—东盟产能合作奠定了基础。目前，中国与东盟国家的产能合作已有一定基础，未来双方可将能源产业、基础设施产业、装备制造产业、清洁能源产业、生物精加工与研发产业和电子信息产业等领域作为产能合作的重点。

虽然当前全球经济形势不稳定，贸易保护主义和民粹主义有所抬头，但中国与东盟地区仍然是全球经济增长的主要引擎，是区域和国际自由贸易的积极推动者。多年来，中国与东盟在平等互利的基础上，在多个领域开展了富有成效的合作，可以预期进入合作新时期、新阶段的中国—东盟，将会继续不断提升全面战略伙伴关系，积极将打造中国—东盟命运共同体的合作水平推向新高度。

第七章　东盟共同体对中国的影响

东盟与中国的接洽与合作可以追溯到20世纪90年代。从1991年中国外长被首次邀请参加外长会议、到正式的"磋商伙伴"、"全面对话伙伴国"、领导人的首次对话、安全合作机制的构建，东盟与中国的关系迅速升温，速度之快让其他国家羡慕不已。双方各项条约与制度的签订更是将双方的合作推向一个新高度。

第一节　东盟与中国的关系

一、东盟成立的初衷及立场变化

东南亚国家之所以成立东盟，原因之一就是希望通过联合提高国际竞争力，而中国的国土面积与经济水平无形中给东南亚国家带来了巨大压力。20世纪70年代，东盟成员国有了一定的发展，中国通过改革开放综合国力显著提高，东盟各成员国陆续与中国开展合作。但此时的东盟还没有与中国接触，对待与中国有关的事情时仍是有些抵触，这种状态一直持续到冷战结束后。

1991年东盟首次与中国开展会晤，这标志着双方正式开展外交关系；随后中国与东盟外交关系迅速升温，从参加首届东盟地区论坛到开展全面对话仅仅用了五年时间。1997年亚洲金融危机让东盟陷入被动，中国及时伸出援手保障了东盟社会的稳定性，也提升了中国在东盟的地位。也正是基于此次合作，双方对彼此的信任度大幅度增加。此后，东盟及其成员国意识到了中国的重要性，均与中国签署了双边合作文件。中国针对东盟所制定的多项外交政策也是基于友好合作的前提，希望可以与东盟维持长期的深入合作关系，这所有的一切都说明东盟及其成员国已经认可并接受了中国，中国不再是威胁而是一个友好的伙伴。

在东盟构建共同体的初期，中国与东盟的关系也是较为复杂、多变的，此时中国更注重开展双边合作。总结起来，中国与东盟此时仅处于一个稳定期，双方都没有开展过多的活动促进合作。主要是中国与东盟都希望通过"中国方式"和"东盟方式"完成对接，并不是强制性或被迫合作。其实"中国方式"和"东盟方式"有着一定的相似性，均是主张互信、平等、尊重、包容、共赢理念。东盟作为东南亚的区域组织，在处理成员国内部事务之余还肩负着保护诸国的重担。由于中国与东南亚个别国家在早期有着一些不愉快的经历，所以东盟在处理中国的问题时也十分谨慎。在看到中国积极参与东亚区域合作、支持东盟的领导权、推动东盟构架区域机制、维护亚太地区稳定这些行为后，东盟意识到双方有着共同目标，也拥有相同的处事原则，于是一改对待中国的态度，开始全面与中国合作。

安全领域可能是中国与东盟开展合作最为棘手的问题，长期以来南海问题一直困扰着双方。这一点也体现在东南亚国家建构东盟的过程中，同时也是让东盟态度发生改变的一个因素。南海问题牵扯内容较多，极为复杂，中国领导人一直坚持"主权归我，搁置争议，共同开发"的主张，也得到东盟相关国家的认同。双方在此前提下发表了《南海各方行为宣言》，希望可以和平解决南海问题，避免不必要的暴力纠纷。在南海开展任何的公开行动，需要有所限制并严格遵守宣言中的规定，宣言的出现彻底改变了南海主权混乱的问题。2003年中国国家主席习近平出访东南亚诸国并提出中国—东盟命运共同体理论，旨在强调中国与东盟山水相连、血脉相亲，应该相互扶持。双方签署的友好合作条约与框架协议都说明了东盟看待中国的立场发生了翻天覆地的转变。

东盟与中国已经正式开展合作30年，如同东盟自身50多年历程一样，也是在逐渐摸索中前进。中国与东盟的关系能够稳定发展，最为主要的原因就是"中国方式"和"东盟方式"更为匹配。正如中国学者所分析的，东盟北上合作的"Y"形战略，与中国所提出的南下与东盟合作的"M"形战略，能够很好地契合。同样位于亚太地区，地理位置又极为接近，双方在思考问题与行为处事方面更容易相互理解，而并非完全以自我为中心。双方合作中出现问题时，更多的是希望在维护地区安全和合作利益的前提下以和平的方式解决问题,不让这些因素成为阻碍双方发展的绊脚石,这也与东盟成立时的原则相一致。换而言之,东盟与中国的合作是在长期了解的情况下开展的,是一个循序渐进的过程,未来也会随着信任的加深而开展更为深入的合作。

二、东盟与中国合作现状

东盟与中国的合作可以被简化为四个过程:以邻为伴—开展合作—深入合作—全面对话伙伴。东盟与中国在经济、社会文化、政治安全合作方面逐渐完善了合作机制,中国参与了绝大多数的会议及文件的签署,中国与东盟从建交到现在所开展的关键性合作如表1所示。

表1 东盟—中国地区事务合作概况

1991年	中国出席第24届东盟外长会议,确立中国与东盟的对话关系
1994年	中国作为东盟磋商伙伴参加首届东盟地区论坛会议
1995年	中国与东盟高级官员在杭州举行了首次磋商会
1996年	中国与东盟的政治关系由磋商伙伴关系升格为全面对话伙伴关系
1997年	举行首次非正式会晤并发表《联合声明》,双方宣布建立睦邻互信伙伴关系 举行首届打击跨国犯罪部长级会议,此后该会议每两年举行一次

年份	内容
2002年	中国与东盟各国外长在金边签署《南海各方行为宣言》 签署《关于非传统安全事务的联合声明》
2003年	双方确定建立战略伙伴关系，中国宣布加入《东南亚友好合作条约》
2004年	签署《落实中国—东盟面向和平与繁荣的战略伙伴关系联合宣言行动计划Ⅰ（2005—2010）》 双方签署《关于非传统安全领域合作谅解备忘录》
2006年	中国—东盟纪念峰会发表《联合声明》以加强中国—东盟战略伙伴关系
2007年	签署《落实中国—东盟民间友好组织合作宣言的行动计划》
2008—2009年	2008年至2009年举办了两届"中国与东盟高级防务学者对话"，就"军队现代化与地区互信""东南亚地区形势与中国—东盟防务合作"话题进行了交流
2010年	制订《落实中国—东盟面向和平与繁荣的战略伙伴关系联合宣言行动计划Ⅱ(2011—2015)》；中国—东盟领导人发表《关于可持续发展的联合声明》 举办"中国与东盟防务与安全对话"，邀请双方防务政策官员与防务学者就地区防务与安全问题进行深入探讨
2011年	签署《落实南海各方行为宣言后续行动指南》；中国—东盟中心正式成立 中国同东盟举行了首次国防部长交流会议；中国在印尼雅加达设立了东盟事务办公室，并将设立常驻东盟使团，作为长期支持东盟共同体构建的常设机构
2012年	制定《中国对东盟的使命》，实施《落实中国—东盟面向和平与繁荣的战略伙伴关系联合宣言行动计划Ⅱ（2011—2015）》 7月在中国昆明举办"关于南海海洋灾害预防与缓解"研讨会；8月在新加坡举办"关于海洋生态系统与生物多样性"研讨会；10月在中国厦门举办"关于生态环境监测技术"座谈会；11月在柬埔寨金边举办"关于《南海各方行为宣言》第10次纪念会"联合研讨会

2013 年	召开第 6 届高级官员会议与第 9 届关于实施《南海各方行为宣言》联合工作组会议 中国—东盟港口城市合作网络工作会议在中国南宁举行
2014 年	中国与东盟国家农业科技论坛讨论通过了《中国与东盟国家农业科技论坛宣言》，内容包含共同建立中国—东盟农业科技协作网、中国—东盟兽医生物技术联合实验室和中国—东盟农业科技示范园区等 召开首届中国—东盟电子商务峰会
2015 年	召开中国—东盟矿业合作论坛 三天的东亚合作领导人系列会议在马来西亚吉隆坡举行，会议包括第十八次中国—东盟（10+1）领导人会议、第十八次东盟与中日韩（10+3）领导人会议和第十届东亚峰会
2016 年	举办 2016 中国—东盟农资产业高峰论坛
2017 年	召开妥乐论坛——中国—东盟国际产能合作开幕 召开中国与东盟国家开展"一带一路"财税合作交流 召开第 9 届中国—东盟金融合作与发展领袖论坛
2018 年	"中国—东盟创新年"启动仪式暨中国—东盟创新论坛在北京举行 召开中国—东盟港口城市合作网络工作会议
2019 年	中国—东盟媒体交流年，双方在第二十二次中国—东盟领导人会议期间共同发表《深化中国—东盟媒体交流会合作的联合声明》
2020 年	举办中国—东盟媒体智库论坛、中国—东盟媒体合作论坛等 签署《落实中国—东盟面向和平与繁荣的战略伙伴关系联合宣言行动计划（2021—2025）》

从经济层面分析：东盟与中国最先展开并保持长期活跃状态的合作就是进出口贸易。东盟与中国在初期并未开展过多的经济合作，而是在慢慢地尝试。随着双方关系升温，合

作日趋频繁、自由贸易区建立等后续工作逐渐开展，东盟与中国贸易额突飞猛进，截至 2020 年 8 月已突破 4000 亿美元。

为什么说东盟与中国的贸易合作在 2007 年之后才有了较大幅的增长？之前形成的合作又起到了什么作用？可以理解为东盟之前的工作都是为后面做铺垫，合作机制与方案的实施需要时间，2007 年之所以会有很大的改变是因为很多方案经过时间的沉淀逐渐成熟，可以更好地服务东盟。东盟决定将共同体构建的周期缩短至 2015 年，需要完成的工作便是发展经济。此时东盟看见中国的崛起，决定将中国纳入自由贸易区的一员，这也让东盟经济迎来新的高潮，并通过《货物贸易协议》来规范双方贸易往来。当然也不乏一些小的问题。首先，在大力推广自由贸易区的基础上提出的"早期计划"是针对农产品的关税减免，但这势必会对中国的农贸市场带来一定的冲击。为了如期构建自由贸易区，中国针对东盟成员国实施了单方面农产品关税减免政策，而中国针对东盟成员国的农作物进口要求较低，没有对中国的农产品加以保护，东盟大量农产品的涌入导致中国农产品市场的不稳定。其次，东盟与中国进出口的产品及产业结构有着惊人的相似性，这也为双方制定相关合作制度时带来了一定的难题。中国与东盟都是农业大国，中国出口的产品以食品与轻工业产品为主，而东盟出口产品亦是类似产品（水果、蔬菜和大米等),这样就导致双方存在产品竞争的风险,所以带来了一定难题。最后,产品的大量出口可能导致单项的安全壁垒现象。造成这种情况的主要原因是《货物贸易协议》中规定未来将逐渐降低甚至减免中国与成员国之间的产品关税,这项规定无疑提高了中国与这些国家贸易活动的灵活性,但也让发展相对缓慢的国家面临一个困境——对这些国家而言,关税是国家很大的一笔收入,如果实施"零关税"政策,势必影响本国的产品市场,国家也少了一笔收入,因此,一些国家通过制定高的检疫检验标准等措施来保护本地市场,形成了非关税壁垒。为了营造更好的合作环境,东盟与中国通过制定相关制度以规范这些非关税壁垒行为势在必行。

在东盟开展共同体构建工作后,双方的投资环境也有所变化。其中,东盟对中国的投资逐年扩大,可见东盟对中国市场的重视;而中国在东盟的投资数额则更为庞大,随着"一带一路"倡议的提出,中国在未来的十几年中将会在东南亚地区投入更多资金,这对东盟而言意义非同小可。当然,东盟与中国开展的投资也是在中国—东盟自贸区《投资协议》框架下完成的,保障了双方的投资权益与利益,未来的投资市场上,东盟与中国将会更加紧密地联系在一起,也会制定更长远的计划及应对措施。

从文化层面分析，东盟与中国在文化领域的合作近些年来才逐渐开展，但由于东盟成员国与中国的地理位置和历史渊源等因素，从彼此的文化中可以看到对方的影子，因此，双方在未来的合作空间也较为广阔。随着东盟与中国经济和政治合作交流逐渐加深，双方在社会文化领域上也开展了相应的工作，并取得了不错的成果。2004年双方共同制订了《落实中国东盟面向和平与繁荣的战略伙伴关系联合宣言行动计划（2005—2010)》，文件严格地区分了社会文化的领域，并在每个大类中罗列小类，便于东盟在开展合作时各职能部门可以快速配合相应的工作。双方还签订了备忘录用于监督该行动计划的执行，行动计划在执行期内取得了超出预期的效果，东盟与中国又陆续制订了《落实中国东盟面向和平与繁荣的战略伙伴关系联合宣言的行动计划（2011—2015)》与《落实中国—东盟面向和平与繁荣的战略伙伴关系联合宣言行动计划（2016—2020)》。两份文件的内容在文化领域并没有过多更改，仅仅是在细节上进行了修订。目前来看，东盟与中国在社会文化领域的合作一切顺利，双方在不断深入原有合作的同时，还在积极拓展新领域的文化合作。在科技、教育、旅游、媒体、民间交流等方面都有较为成功的案例，如中国东盟教育培训中心、旅游合作论坛、民间合作计划等。东盟与中国的社会文化合作目前还仅仅是初级阶段，随着合作的深入，双方将会发现更多合作点，也会建造一个更繁荣的东盟—中国社会文化圈。

从政治安全层面分析，双方已经实现了《落实中国—东盟面向和平与繁荣的战略伙伴关系联合宣言行动计划（2005—2015）》与《落实中国—东盟面向和平与繁荣的战略伙伴关系联合宣言行动计划（2011—2015）》的既定目标，《落实中国—东盟面向和平与繁荣的战略伙伴关系联合宣言行动计划（2016—2020）》已有条不紊地开展，同时于2020年11月签署了《落实中国—东盟面向和平与繁荣的战略伙伴关系联合宣言行动计划（2021—2025）》。初期，中国通过正式对话、磋商及论坛等方式增进了与东盟的互信，继而建立了战略合作伙伴关系。这些方式很简单但却很有效，中国积极参加东盟组织的领导人峰会、部长会议、高级官员会议、专家会议、东盟地区论坛、"10+3"机制、东亚峰会等，中国并不仅仅是参加这些活动，更是切身参与其中，很好地把握了分寸，不会过度宣扬中国造成喧宾夺主的尴尬场面而让东盟失去对中国的信任。此外，双方还会共同参与一些活动，共同维护亚太地区的稳定。虽然区域外大国影响依然存在，但无论如何，中国与东盟的合作对于双方都会产生巨大利益，因此东盟与中国当前的政治安全合作良好，未来的发展趋势也非常乐观。

从东盟共同体构建的三个方面可以看出,东盟积极地开展与中国的合作,中国并未因国家强大而展现盛气凌人的态度。在近十几年内,东盟与中国签订了大量的合作条约与制度文件,对东盟的发展起到了促进作用,更是加快了东盟共同体的构建工作;"一带一路"倡议必将为东盟与中国创造更多的合作机会,双方的关系也会变得更加紧密,对双方的发展来讲是一种共赢。

第二节 东盟共同体对中国的影响

东盟共同体的构建不是东盟自己内部的事情,因为这涉及了多个层面与领域。可以说,东盟共同体的构建不是东盟成员国共同努力便可完成的,获取大国的支持必不可少。但东盟共同体的构建对中国而言到底有什么影响?中国又该做出什么样的反应?中国在这一过程中既是推手又是制动器,帮助东盟建立共同体、树立良好的大国形象同时又对不利因素加以限制,实现共同发展。

一、东盟共同体对中国的积极影响

20世纪70年代末,中国政府开始尝试以经济建设为中心的改革开放政策,该政策让中国在很短的时间内实现了经济与综合国力的飞跃。此时的中国不再贫穷落后,呈现在国际舞台的是一个全新的经济体。中国可以在短时间内取得如此成绩,除了正确的决策外,另一个重要的因素就是周边环境的稳定,这也是中国长期以来的诉求。东盟各成员国普遍经济实力较弱、军事装备落后、人口数量单薄,毗邻中国这样无论在面积、人口、经济实力都高于自己的国家,难免会担心自己的处境。建立东盟可以通过集体的力量维护地区和平,保障成员国不会受到外界侵略,这是这些国家的初衷。换句话说,东盟的形成仅仅是作为防御,维护地区的稳定,并非要采取主动行动,不具备侵略性。而此时的中国因为发展需要,与东盟的合作对维护整个亚太地区的稳定及战略部署有益而无害。因此,与东盟合作成为中国的不二选择,具体原因有以下两点。

第一,东南亚地区自古以来都是大国必争之地,对此地区的控制可以有效加强对亚太地区的监控,因此各大国积极投身东南亚地区安全事务。面对这样的情况,东南亚可以说没有一个国家是安全的,再加上自身弱小,如果想彻底脱离大国的事务干涉,它们只能通过联合起来提高整个区域的防御能力;但如果彻底摆脱与大国的合作,东盟成员国又没有足够的能力保护自己,所以又不得不与这些大国维持一定的合作。可以看出,东盟也比较矛盾。通过构建东盟共同体,成员国会通过开展更多的双边与多边合作来提高国家及地区的防御能力,大大降低了对欧美国家的依赖,保障了更多的自主权,这在一定程度上也降低了中国所承受的风险。

第二,东盟共同体的构建中,与中国开展的经济合作是最基础的内容,在此基础上又有了后来的社会文化及政治安全的合作,但政治安全合作仍是双方的合作重点。中国在这三个方面都积极参与,目前双方的经济合作与社会文化合作进展较为顺利,在安全领域双方则在寻求更多的契合点。目前的重点为以下几个方面:首先,东盟与中国海洋资源丰富,大量的船只往返于该地区,为双方创造了大量财富,但海盗的猖獗对海上运输造成了威胁,尤其是目前具有争议的南海,东盟共同体中针对海上安全采取的措施有效地保证了双方的利益。其次,大规模杀伤性武器的出现势必会让整个世界陷入恐慌,需要有效的方法控制这些武器的出现。中国长期以来一直控诉该问题的严重性,这样的观点与东盟不谋而合。再次,在东盟与中国曾多次发生恐怖主义袭击事件,造成了大量人员伤亡与财产损失,也让各国人民心怀恐惧并对周遭环境感到担心,双方的合作有效地控制了恐怖主义与跨国犯罪的实施。最后,东盟与联合国也积极开展合作,希望通过国际力量维护地区稳定,而中国作为安理会常任理事国之一,可以行使自己的权力,通过安理会这样的平台让双方的合作顺理成章。可见,东盟在构建共同体时,各项事宜的出发点都是以维护地区稳定为根本,这与中国开展合作的目标极其相似。因此,双方的合作在推动地区发展的同时也让世界更好地了解中国。

总结起来,首先,东盟安全共同体所有的构建内容为中国提供了一个自由对话平台,双方可以针对不同的内容选择性互动实现相互信任,改善了东盟之前对中国的看法,也让中国展现出更多正面形象。其次,东盟共同体在政治安全领域构建内容与中国的方针路线一致,有利于双方利益;同时中国希望与东盟的合作让这些成员国认可"一个中国"原则,减少中国台湾地区在东南亚的影响。再次,为南海问题的解决提供了最佳方式,禁止其他国家插手而让南海问题升级;此外,中国也可以参考东盟在处理成员国之间矛盾时所采取的方法。最后,东盟共同体的构建工作不仅在东南亚形成了一定影响,亚太地区乃至整个世界格局甚至都因此而发生了一定的改变,原本涣散落后的国家通过建构东盟、构建东盟共同体让本想借助东南亚地理位置进入亚太地区的国家不能为所欲为,也减少了对中国的威胁与限制。所以,东盟共同体的构建除了东盟自身有所发展之外,对中国的安全与发展也起到了一定的促进作用。

二、东盟共同体对中国的消极影响

东盟构建目的之一曾经是联合对抗中国,由于中国与部分东盟成员国之间存在领土纠纷，东盟更是希望可以采取一致行动应对中国。在东盟共同体构建的形势下，东盟成员国会变得更为团结，中国也容易处于被动地位，这种不利因素可以总结为以下两点。

第一，中国在 20 世纪 70 年代末大胆地推行了改革开放政策，之后的中国如同加速列车般飞速发展，这样的情形让周边国家心怀不安。中国是否会像美国一样过度干涉他国内政？因此，"中国威胁论"这样的言论迅速蔓延开来，这种不安所产生的后果就是弱小的国家会开展联合战术进行对抗。东盟作为小国的聚集体面对这样的情况也不得不采取适当的措施来保护自己，"大国平衡"战略可以算作东盟最引人为傲的外交方式。所谓"大国平衡"战略，简单地说是让大国之间开展相互的竞争，小国只需要在适当的时候进行一定的策略调整就可以，这里的大国就是美国。东盟希望在美国与中国相互竞争的过程中找到一个平衡点，这样既不会让美国与中国产生任何冲突，东盟也可以借助双方的力量发展自己。

第二，东盟共同体的构建对中国影响最大的问题还是南海问题，东盟共同体对南海的和平起到了推动作用，但这只是好的一面；它所造成的副作用则是让与之有关的国家联合起来，共同应对中国。20 世纪中叶并无南海争端也不存在南海主权等问题，所有问题都是在获知南海海底蕴含着丰富的石油与天然气后，周边国家纷纷开始了南海争夺战，并希望借此发展自身经济。目前东盟十国中有一半的国家与中国存在主权争议，主要是海岛暗礁的归属权与海域面积争端。美国在南海海域争端中没有直接话语权，开始时是在东盟一些国家背后支持，之后便直接走到台前与中国在南海进行军事对抗。而东盟允许更多的国家参与到南海问题的讨论，为和平解决该问题带来更大的难度，中国似乎处于一种被动的状态。

总体而言，东盟共同体的构建加深了东盟成员国之间的合作与互信，也让东盟变得更加团结并通过一个声音与中国开展对话，在很多情况下让中国在东盟开展的活动受到某种程度的限制。此外，中国在经济、社会文化与政治安全领域都拥有巨大的影响力。中国可能利用其强大的经济力量，占据东盟市场；而为了保护东盟自己的市场，东南亚国家必须联合起来一致对外，限制中国势力在东南亚扩展。这一过程的初期主要是借助美国的力量，后期东盟正式开展共同体构建时主要是通过一致对外的手段。无论是哪一种方式都对中国在东南亚地区的活动与合作带来消极影响，而且如果东盟中一些与南海不相干的国家卷入也不利于南海问题的解决，甚至影响中国与其他成员国之间的外交关系。值得重视的是，冷战结束后中国作为一个大国，着眼于维护地区和平稳定大局，没有和其他南海声索国发生直接冲突，从而维护了南海安宁且稳定的大局。应该说，中国与东盟国家能够管控好南海问题上的分歧。

第三节　中国应对东盟共同体的措施

随着东盟共同体构建的提速,东盟成员国之间的合作开始深入,东盟发展为一个整体的特性越发明显,东南亚的格局将最终确定,这也会影响其他国家的战略部署,中国势必会受到影响,因此中国更需要想到万全之策应对东盟共同体构建过程中及建成之后可能出现的问题。

一、中国对东盟共同体构建的努力

东盟从最初的成立到如今区域性组织的代表,经历了最黑暗的时期,如今可谓是苦尽甘来。在这漫长的50多年里,东盟积极发挥它的作用,推动成员国之间的经济、社会文化与政治安全合作并实现东南亚地区长期的稳定局面。新加坡前总理李光耀曾说过:东盟成立的原因远没有表面上看着那么简单,实现成员国之间的互助与经济快速增长只是一个方面，更主要的原因是借此实现东盟的团结与地区的稳定。东盟前期以经济文化为主、政治合作为辅的做法主要是顺应形势的无奈之举。东盟共同体在构建过程中存在着很多问题，哪怕是最基础的经济与社会文化合作也让东盟非常头痛。由于各成员国之间无论是经济水平还是综合国力都有着较大差距，各国领导人一致同意通过经济与文化的交流实现基本共识，并以此为基础达成政治安全领域的合作。正因如此，东盟早期才会更注重经济与社会文化的建设，直至后期开始逐渐偏向政治安全方面。借助以往的合作经验，东盟希望尽快与其他国家合作以促进东盟的发展，中国作为新崛起的大国，势必对东南亚有所影响。中国为了维护亚太地区的稳定，也积极与东盟开展多方面合作，树立良好形象，降低东盟对中国的戒备。

中国曾在很长一段时间饱受"中国威胁论"的困扰，中国自己深知这种说法子虚乌有，完全是其他国家的中伤，但这也或多或少影响了东盟及其成员国对中国的信任。对此，中国一直坚持通过和平共赢的发展方式与东盟共同发展，争取更多的信任，降低东盟及其成员国对中国的猜忌。在处理与中国存在严重争端的南海问题时，为了维护中国所树立的良好形象，中国提出"搁置争议、共同开发"的提议，有效地解决了南海冲突，实现了利益共赢的局面。除此之外，中国还积极与东盟及其成员国开展更多领域的合作，弱化其对中国的偏见，逐个攻破中国与成员国之间的隔阂，让它们正视中国的崛起。

东盟共同体的构建虽然会让东南亚团结起来甚至对中国造成一定的影响，但中国更多是集中力量发展自身，通过自己的努力去证明中国的长期诉求与东盟相同，并与东盟及成员国开展双边、多边合作，帮助东盟实现共同体的构建工作。东盟地区论坛是东盟共同体构建过程中显著的成就，有效地避免了冲突的发生，同时也为东南亚提供了一个世界水平的对话平台，中国在平台上发挥着重要的作用，很多双方的决策性文件就是由此而来。

总而言之，东盟共同体的构建工作是东盟受国际形势与区域外大国影响的结果，中国是因素之一。中国从自身发展的角度分析与东盟共同体的关系时是给予肯定的，中国想要发展需要一个稳定的环境，东盟共同体的构建可以实现这一目标。因此，东盟构建共同体的过程中，中国全力配合并落实了中国与东盟的战略合作计划，以及其他的相关合作与战略性文件，这些都为快速建成东盟共同体起到了推动作用。

二、中国针对东盟共同体未来计划

东盟共同体的构建是东盟发展的必然结果，何时实现只是时间问题,中国也将继续努力与东盟深入合作。

第一,保持与东盟实现的双边与多边合作。早前盛传的"中国威胁论"通过中国的不断努力让东南亚诸国有所改观,但在一些合作上东盟仍显得举棋不定。因此,在东盟共同体还没有完全建立之前,中国还应以建立信任为重点,通过地区观念、提供帮助等方法树立在东盟成员国之间的良好形象。因此,中国应继续努力与成员国开展双边与多边合作,完善长期坚持的睦邻友好政策,实现友好合作、平等合作、共同发展的目标;积极参与东盟共同体提出的五大战略构建工作,希望通过这些努力可以减少对中国的误解,让双方的关系朝着一个健康的方向发展。

第二,确定东盟的主导地位,保证东盟共同体的独立自主性。新世纪以来,美国重返东南亚,东盟部分成员国对美国此举表示欢迎,这样既可以与美国开展联合反恐行动,又可以牵制中国势力,可谓是一举两得。然而,美国也有其自身利益的考虑,不会只为东盟所利用。一旦美国发现东盟共同体的构建与美国利益背道而驰,美国会通过其他方法阻止东盟共同体的构建,或试图主导东盟为其所用。东盟不想任由美国摆布,也自知无法完全掌控美国的行为,因此其试图通过其他国家牵制美国。所以说美国与中国都不是东盟共同体构建的障碍,东盟只是需要在这些大国介入的同时保持独立的自主性，避免成为其附庸。因此，中国应该借此机会证明自己，帮助东盟实现东盟共同体构建的主导权，展现友好的一面，拒绝旁观或趁机争取不适当的利益。

第三，开展深入的经济合作，夯实底层经济基础。经济作为一个国家的发展重点应长期被置于国家发展计划的一线，而经济建设除了是东盟共同体构建的一部分之外，还可以为社会文化、政治安全的合作提供资金支持。因此，中国在与东盟开展的合作交流中，应继续坚持"货贸先行"的原则，通过经济合作推动其他领域的发展，同时继续推广自由贸易区的税收减免政策，帮助东盟及成员国快速发展，弥补东盟共同体构建中的不足，打造中国与东盟全方位战略合作伙伴关系。

第四，重新审视南海问题，提高双方在该问题上的交流合作。南海因丰富的资源在近年来成为中国与东盟的热议焦点，面对这样的问题，不可以操之过急地暴力解决，否则将严重影响亚太地区的安全稳定，而需要用长远的态度、灵活的策略去解决。"搁置争议、共同开发"的原则被双方接受，这是中国与东盟在中国—东盟命运共同体的背景下所能找到的平衡点，保证在和平的前提下实现共赢。在未来，中国应与东盟达成共识，允许成员国国家在南海的活动，但也仅仅在双方限定的范围内，避免他国的介入而将南海提升为国际问题。在面对其他非传统安全问题时，中国则会严格按照宣言中的规定履行自己的责任，做好中国应做的事情。

中国与东盟的关系比较复杂，既是竞争关系又是合作关系，但无论怎样，中国都在积极努力地去改变东盟对中国的看法，也在帮助东盟尽快完成东盟共同体的构建工作，力求一个稳定的环境，这也是为中国的未来发展与战略部署创造条件。从中国与东盟21世纪的整个发展关系来看，相互间建立的"战略伙伴关系"已从发展的"黄金十年"，正在步入新的"钻石十年"。

第八章 "一带一路"与东盟共同体互惠互利

21世纪以来,国际环境依然复杂多变,席卷全球的金融危机对国际经济环境所造成的深远、广泛影响仍然明显。全球一体化及世界格局的改变让各国未来发展不确定性的挑战更加严峻。在这样的背景下,习近平主席提出"一带一路"倡议,并寄希望于世界各国。东南亚由于特殊的地理位置在这项倡议中占据重要的地位,"海上丝绸之路"涵盖了所有东盟国家。同时,"一带一路"也将世界资金、技术带到东南亚,实现了全方位的资源配置与更深入的市场融合,区域合作必将会延展至大范围、高水平、深层次,加速东盟命运共同体的构建进程。因此,在东盟命运共同体这个"胎儿"还没有发展成熟的情况下,"一带一路"倡议就像一根"脐带"一样,通过与东盟实现对接,从而给东盟共同体注入丰富的养分、提供强大的动力。

第一节 "一带一路"背景下的东盟

"一带一路"倡议是中国通过联合实现世界各国紧密合作,通过在各国实现互联互通并构建独立自主、可持续发展的贸易区,将这些国家的资源进行整合,发挥更大作用,实现 1+1＞2 的效果,带动区域间联合投资以及拉动区域间融合消费,为投资与消费带来良好环境,必将增加需求,同时也能够创造更多就业机会,催生深入的交流与广泛的融合,有利于不同文化交融、文明碰撞,增强沿线各国人民的互利互信、和谐富裕,实现不同民族的融合,推动各国和谐有序发展。

一、"一带一路"的概念及框架思路

"一带一路"倡议想法源于古代丝绸之路,是希望给不同国家间已经实现的双边与多边合作关系打造更为广阔的合

作平台，将更多的国家聚集到一起，实现共同发展这一目标。虽然这些国家之前可能没有多少交集，不知道在哪些方面可以开展合作，但是可以通过多边合作来解决这个问题。这种大胆、创造性的合作也必将形成合作链条及连锁反应，甚至促进全球一体化及命运共同体的建构。"一带一路"倡议目标高远、内涵丰富、使命重大，加速中国优质产能与沿线各国互惠共享；所构建的新型区域经济合作平台必将更加开放、共享和包容，秉承项目投资共商、合作成果共享和基础构建共建原则开展合作；"一带一路"倡议经过多年沉淀更注重长期的结果，所具有的使命与内涵也绝非其他计划可以比拟。

"一带一路"倡议的形成与当今复杂的世界格局息息相关。"一带一路"倡议得以实施，得益于唯物辩证法、地缘经济和政治及社会形态学研究分析与世界历史结构基础的综合运用，追其根本还是源于各国之间的双边与多边合作。

"一带一路"倡议的主体框架思路是通过已经建立的双边与多边合作关系，进一步加深国家间的互信并实现区域带上的国家共同体发展，实现共同繁荣、相互理解、广泛交流、互利互惠与合作共赢。"一带一路"倡议横跨多个大陆，沿途经过100多个国家，既包括发达的欧洲国家，也有快速发展的非洲国家。每个国家的潜能都有待挖掘，充分地整合这些国家资源,实现共同繁荣是"一带一路"的最终目标。

通过"一带一路"沿线各国共同携手努力,构建沿线各国更加开放的经济合作平台,始终坚持互惠互利、共同发展的目标砥砺前进。完善各区域基础设施构建,促进海陆交通运输网络的基本形成并且安全高效,使互联互通达到更高的水平,进而实现更高程度的自由贸易系统,将沿线各个国家紧密地联系到一起,实现跨区域跨国家深入而广泛的人文交流与政治互信,最终实现全球资源的综合利用与经济高速发展。

所以说,当"一带一路"倡议提出并被世界绝大多数国家接受后,它已不仅仅是中国的,而是属于全世界的;该倡议的开展实施,实现了全球经济的融合与可持续发展,逐渐削弱国家间经济发展的不均衡现象,特别是给东盟国家自身发展注入了新的活力。

二、"一带一路"倡议与东盟共同体的关系

"一带一路"倡议与东盟开展深度合作的构想,与东盟共同体一脉相承,核心思想都是共建、共享与共赢,而最大的区别在于开展的范围:东盟共同体的建构范围局限于东南亚地区,而"一带一路"倡议则是在全球开展。事实上,中国领导人提出"21世纪海上丝绸之路"倡议,正是在东南

亚提出的。"一带一路"倡议的开展对东盟共同体的构建可以起到积极的促进作用，而东盟共同体的建构也可以间接影响"一带一路"倡议的顺利开展。"一带一路"倡议开展的主要目的体现在以下几个方面。

第一，探寻经济增长之道。后金融危机时代全球经济发展缓慢，格局复杂多变，经过长期努力中国已经成长为世界经济增长的火车头、引领者，"一带一路"倡议更多是中国希望将自己的经验与其他国家分享，构建沿线各国的平等与协同合作发展平台，推动世界经济发展的同时将其他国家经济形势与中国有机结合，实现更高层次的经济开放与创新。

第二，实现全球化再平衡。"一带一路"倡议是通过在沿线国家推广中国优势产业的同时将其他国家的优势产业带到另外一些国家，实现资源整合与综合利用；借助中国"先富带后富"策略，使一批国家先行获得收益，再逐渐普及到其他国家。但在这一过程中需要充分把握各个国家的发展状况，避免造成与初期欧洲所造成的贫富差距不断扩大、区域发展极不均衡、地缘政治极不稳定的相似状况。

第三，开创地区新型合作。中国改革开放政策的成功无疑成为世界各国开展经济创新的宝贵经验，因此，"一带一路"也具备完全的开放性；通过共商、共建与共享的原则并结合新世纪的经济理念，超越了以往所有的经济战略计划。

通过将中国经济与世界经济紧密关联，构架全面开放的经济合作新格局，实现了世界经济体系的高度融合，开创了地区间的新型合作模式。

第四，实现文化融合。东盟共同体构建的目的同样是希望通过成员国之间互信团结探寻经济增长之道、实现区域内部的再平衡及开创区域新兴合作模式；将东盟成员国所有成员联系在一起，不仅实现经济相互依赖，更要实现社会文化、环境与政治的相互依存。消除由经济水平差异、文化差异、宗教差异等形成的不公平现象，让区域内所有人民处于平等的环境中，实现真正的命运共同体。

第二节 "一带一路"与东盟的合作领域

"一带一路"倡议由中国发起,相关沿线国家与地区积极响应配合,这也充分体现出"一带一路"思想符合中国及沿线国家与地区的利益。放眼21世纪的国际经济形势,世界各国都在谋求新的合作,"一带一路"倡议的出现为沿线国家提供了完美的契机;秉承平等协商、相互兼顾,共同开创涉及范围大、合作水平高、交流层次深的新型大开放、大交流和大融合全球经济一体化新局面;中国在东南亚地区开展所有合作与规划都是在开放、平等原则下完成的,对于东盟成员国的意见也是积极采纳。

一、东盟在"一带一路"中的合作重点

"一带一路"沿线经过100多个国家,这些国家经济发展与国家需求不尽相同,所拥有的资源也有所区别,但这些

国家的资源，许多都需要通过东南亚地区方可传递到其他国家，因此东盟与这些国家的合作空间巨大，大致可以分为五个方面：政策沟通、设施联通、贸易畅通、资金融通与民心相通。

政策沟通。如若"一带一路"倡议可以顺利在各个国家开展，东盟成员国需要加强与其他国家的政治交流，寻找更多的共同点，增强信任。同时，针对现有的经济发展战略和对策，东盟可以有选择性地与他国进行交流对接，共同制定和修改未来的发展计划及应对措施，力求合作的透明化与平等化。

设施联通。设施联通是"一带一路"建设及改善的优先领域，其中包括网络信息联通、能源设施联通与基础交通联通。这一点对于东盟来说较为重要，东盟各成员国（新加坡除外）仅首都及旅游热门城市具有较好的基础设施，大部分处于落后的水平，开展设施联通将从多个方面对东盟的发展起到加速作用。网络环境的改善可以让东盟与世界接轨，实现信息的快速传递，逐渐形成贯穿亚洲每个区域和亚欧非三块大陆之间的最基本的网络设施。能源设施的联通主要是实现沿线国家运输管道的对接，保证这些资源可以在沿线国家间进行中转与运输。其中，文莱是石油与天然气的储备大国，能源设施的联通将对文莱发展起到关键性作用。基础交通的联通在"一带一路"中占据重要地位，水路联通相对东盟来说比较容易，只需要选定重点口岸，推进口岸基础设施战略计划，保证水路的畅通并及时更新相关水运航道信息与路线即可。但陆路则有些复杂，东盟成员国山区较多，国家内部铺设的道路质量较差，无法满足需求，因此需要重新修整并建造缺失的铁路，保证道路的畅通无阻。

贸易畅通。贸易应该说是"一带一路"计划最根本也是最为重要的一部分，实现东盟与其他国家的贸易畅通，营造区域内及沿线国家间良好的贸易环境，共建综合的自由贸易区并提高贸易的自由化与便利化是该战略计划的最终目标。与此同时，各国还应积极拓宽贸易领域范围，优化贸易机构，挖掘更多的贸易增长点，发展创新的贸易合作方式，促进贸易的平衡发展，继而带动投资，力求投资和贸易有机统一，并通过投资再次带动贸易发展。

资金融通。东盟成员国发展不均衡，也没有统一的制度约束区域内的金融机构，因此改善东盟目前市场混乱的金融环境实现东盟与外部的资金融通是一项重要工作。需要建立相应的体系来完善亚洲基础设施投资银行与金砖国家开发银行的职能，运用各种合作方式，与他国一起开展多边金融共同前进。但同时也需要建立相应的监管、预警、危机处理等制度，保证资金融通的同时也要完善配套服务。

民心相通。这一方面应该是东盟与他国合作的基础，如果民众不同意而是国家的强硬执行，那么将适得其反。因此东盟各成员国应与其他国家广泛提倡文化和学术以及人才共同发展、媒体和青年志愿者服务、共同培养专业人才等，为东盟与这些国家开展其他领域的合作夯实基础。同时，鼓励双方积极参与国家间的文化活动，针对广播影视剧和精品创作内容，可互相翻译引进，同时可联合申请世界文化遗产，共同保护传承双方的文化遗留。在旅游产业领域，适当扩大旅游规模，共同举办各类文娱活动，一同打造一条先进的超规格的旅游路线，提升各国游客签证办理便利化水平。在卫生安全领域上，沿线各国共同加强传染性疾病的控制与治疗工作，并提供跨国的医疗救援与紧急医疗服务，保证最基本的民生，弱化地域性，实现更高水平的融合。

从以上几个方面可以看出，"一带一路"倡议所开展的合作重点均是促进各国基本发展来谋求更多的合作与快速发展。通过整合各国现有资源，在人才培养、金融投资、基础设施建设、贸易往来等领域开展深入合作。这不仅是中国的战略目标，也是东盟乃至全部沿线国家与地区的共同目标。东盟积极融入中国"一带一路"倡议在世界范围内寻求更多的合作，加快东盟共同体的构建工作。

二、东盟在"一带一路"合作上的现状

2013年中国向世界各国发出邀请共同建设"一带一路"倡议；此时"一带一路"的理论经过多年的酝酿已经逐渐成熟，需要完成从理想到现实的转变。事实上，中国政府的"21世纪海上丝绸之路"的倡议，正是在中国与东盟建立战略伙伴关系十周年新的历史起点的时刻提出的。这一倡议虽然由中国提出，但并没有规定一定要与中国合作。因此，也是为他国提供合作的机会。而这一倡议的实施对于东盟而言具有非同一般的意义，因此，东盟对此十分重视。

东盟互联互通委员会主席曾表态：中国的"一带一路"倡议与东盟自己的《东盟互联互通总体计划2025》有着惊人的相似之处，都是希望通过开展合作实现共赢与社会稳定。2017年7月，博鳌亚洲论坛专题会议在曼谷举行，各国代表对"一带一路"均给予了肯定，认为"一带一路"倡议将是21世纪最为成功的提议，为亚洲各国共同前进探明了方向和路径，更是为全球发展确定了方向。而东南亚地区地处亚洲，连接着非洲与欧洲，具有得天独厚的地理优势，因此也会成为最先受益的地区，所以东盟各成员国都积极参与"一带一路"倡议相关工作。各个成员国所开展的行动如下：

越南方面，作为中国的邻国，中国的一举一动都影响其

发展，越南也与中国保持着紧密的沟通，双方还签署了《共建"一带一路"和"两廊一圈"合作备忘录》用于推进双方的工作。

缅甸方面，总统廷觉考虑到本国情况，认为"一带一路"倡议将带来大量的资金与技术，有利于国家发展。而中国针对缅甸设计的"人"字形中缅经济走廊符合缅甸的发展，为双方的合作开辟了新的道路，获得了缅方的支持并希望尽快与中国对接。

泰国方面，总理巴育在探讨泰国制订的"2017—2036国家战略计划"，刻意强调了与中国"一带一路"倡议对接的问题。目前中国与泰国共建中泰铁路，如何让中泰铁路与泰国的东盟经济走廊实现完美对接、打造东盟物流中心枢纽是泰国当下最为关心的问题。此外，"一带一路"倡议还有望实现泰国的克拉运河梦。

老挝方面，最近提出的变"陆锁国"为"陆联国"的战略也与"一带一路"倡议高度契合，得到中国鼎力支持。兴建的中老互建铁路，可以帮助老挝实现下一个宏伟目标。

文莱方面，中国企业协助当地网络运营商，创建了文莱第一个 3G 和 4G 网络，网络已经为当地 40 多万人提供服务，丰富了人民生活，让他们切实感受到了"一带一路"所带来的益处。2021 年是中国和文莱建交 30 周年，双方将迎来新的发展契机。

中国与马来西亚港口共同前进已经实现高速发展。2015年，中国与马来西亚正式宣布中国—马来西亚港口联盟成立，其中包含12个中国港口和9个马来西亚港口，逐渐形成规模后可实现更大的宏伟目标。

新加坡总理李显龙访华时表示，新加坡政府愿与中国政府共建"一带一路"，对于成立亚洲基础设施投资银行也表现出积极的态度，希望通过双方的合作可以实现经济的提升，构建更完善的贸易体系。中国与东盟依据"一带一路"倡议，可以打造"交通能源走廊""商贸物流走廊""产业合作走廊"和"人文交流走廊"，使得相互间多领域的合作更加深入。

可见，东盟各成员国对由中国发起的"一带一路"倡议是非常认可的。主要原因不仅是东盟可以与中国开展更多的合作，更是因为"一带一路"可以将世界各国的资源带入东南亚，让东盟在很短的时间内快速提升发展自己，并早日完成东盟共同体的构建。

第三节 "一带一路"对东盟共同体的新机遇

当前,经济全球化遭遇波折,国际贸易和投资持续走低,部分西方国家贸易保护主义思想正慢慢发展,大部分东盟成员国饱受其害,各成员国必须一起面对这些难题。"一带一路"倡议的出现为东盟带来了新的思路,只需要积极融入便可以轻松地实现与他国的合作。

一、"一带一路"对东盟的新机遇
(一)经济层面

中国—东盟自由贸易区的建成加速了双方的贸易往来,贸易额更是年年创新高。多年来,中国在东盟长期保持着较高的进出口额,稳居第一大贸易伙伴的宝座,东盟针对中国的进出口额也位列前三名,即便双方在彼此贸易中占据着重要地位,中国与东盟仍在努力开展新的经济合作。伴随着

"一带一路"倡议的开展,东盟也会陆续与其他国家建立自由贸易区,实现互利共赢。

东盟在召开的第28届与第29届峰会上通过了《东盟互联互通总体计划2025》,文件的目的在于逐渐加大对可持续基础设施战略计划、数字创新、物流、进出口管理与流动人口五大领域的投入,提高东盟地区的竞争力。为了开展互联互通计划,东盟每年至少投入1100亿美元用于改善基础设施,这无疑给经济落后的东盟增加了压力。但"一带一路"倡议的实施有效地解决了这些问题,因为"一带一路"倡议中的一部分内容就是要实现沿线国家的互联互通,东南亚作为计划中的枢纽,并没有为自己的能力而担忧。现如今,"一带一路"倡议正不断化为现实,有区域问题专家客观地表示,"一带一路"将彻底改变东盟的经济发展环境,最初会有一段适应期,但这个适应期一旦结束,东盟将会快速发展。诚如博鳌论坛曼谷会议探讨的结论,"一带一路"倡议将深层次改善东盟的经济发展,随着"一带一路"进程的变化,东盟也需要不断地寻觅新的合作、创造新的机遇。

(二)社会文化层面

"一带一路"倡议诠释着正确的价值观和社会发展方向,将致力于衔接一切积极因素,迎接各种挑战与难题,制定出创新性解决方案。密切的人文交流,是共同推进战略计划的民意基础；加强深层次人文交流，是东盟各国与中国及其他沿线国家之间实现民心相通的至关重要的措施。

2017年9月在泰国曼谷召开的"一带一路"亚洲孔子学院联席会议，来自孔子学院的许多人员参会。会上，海上丝路孔子学院与泰中罗勇工业园开发有限公司签署战略合作协议是响应"一带一路"倡议所开展的新尝试。根据协议，海上丝路孔子学院不仅将为工业园区泰籍和其他外籍人士提供汉语培训，还将开展中泰文化交流活动，为中泰学生提供实习、实践和就业机会，加强中泰教育、文化、经贸共同前进。此次合作的成功让东盟看到了更大希望，也期望"一带一路"倡议的尽快实施。

（三）政治安全层面

"一带一路"倡议更多是从经济合作观点出发，其次才是政治安全合作，但由于东盟国家的地理位置位于"一带一路"的海陆交会地带，因此也具有非比寻常的战略意义。自古以来，国家间的合作都是以经济贸易着手，所以"一带一路"倡议必定可以实现东盟与他国的政治合作。东盟在马尼拉峰会上提出"拥抱变革，融入世界"的会议主题再次让世界关注到这个区域性组织的努力，也可以看出东盟希望通过"一带一路"与更多国家开展政治安全对话的决心和快速获得世界认可的决心。东盟将继续以地区反恐合作、打击海盗等内容为重点与沿线国家建立双边及多边合作关系，借助更多的外界力量实现东盟共同体的构建。

由此可见，"一带一路"倡议为东盟创造了更多机会，让东盟以更为便捷的方式接轨世界其他国家。最为重要的一部分还是经济与文化的合作，作为重要的枢纽，世界上各个区域的资源源源不断地流入东南亚地区，加速了东盟的发展，也将大大促进东盟共同体的建设，东盟的地位也有了显著的提升。

二、"一带一路"的共同前进——以柬埔寨为例

柬埔寨作为东盟成员国之一，属于半岛国，曾在2000多年前因海上丝绸之路与中国开展了多方面的合作。时至今日，中国再次提出共建"一带一路"倡议，柬埔寨自然而然成为线路中的一员。

2016年习近平主席在出访柬埔寨期间签订了包括《中华人民共和国和柬埔寨王国关于编制共同推进"一带一路"建设合作规划纲要的谅解备忘录》在内的31份重要文件。所有文件的制定均以"一带一路"倡议为基础，将柬埔寨的国家发展计划与之完美结合。柬埔寨首相洪森曾公开表示会全力支持并参与到"一带一路"的建设工作中。逐渐加强和推进该倡议，已然成为深层次改善中柬互利共赢的双边关系

的强大驱动力。在2017年5月发布的《共建"一带一路"：理念、实践与中国的贡献》发展计划中，中国政府明确了"一带一路"的五个重要发展方向，其中有三个领域完全符合柬埔寨。就这样，在"一带一路"框架下，柬埔寨与中国快速达成共识，并开展了相应双边合作，为进一步延伸提供了至关重要的支撑。

"一带一路"所产生的成果最先体现在旅游业上，柬埔寨的旅游业从默默无闻到如今需求数量之庞大、消费之旺盛，中国起到了决定性作用。目前，柬埔寨已经将中国游客作为其经济新的增长点，为了长期保持这样的状态，该国更是与中国各大航空公司合作开辟新航线，满足当前的需求。随后柬埔寨政府颁布《2016—2020年吸引中国游客战略》和"为中国准备好（China Ready）"白皮书，进一步指导柬埔寨旅游业，极大增强了接待中国游客的能力。

对于柬埔寨来说，为国民经济提供增长新亮点将成为"一带一路"基础设施建设的共同目标。柬埔寨自战乱平息以来长期以农业来带动国民经济，直至近十几年旅游业的发展这一状态才有所改变。出现这种现象的主要原因首先是柬埔寨所处的地理位置，其次便是国家内部落后的交通运输能力。柬埔寨也在积极寻找其他的经济增长点以确保国家可以稳定发展。

与此同时,"一带一路"倡议所提出的"政策沟通",将为积极发展中柬两国关系和柬埔寨本国经济发挥至关重要的积极意义。一方面,战略层次的积极互动有利于深层次增进中柬两国有关地区热点议题方面的共识,助力维护区域和平与发展;另一方面,柬埔寨可以借鉴中国在发展过程中遇到问题时所采用的解决办法,了解国民最关注的问题,这样可以有效地避免问题的严重化。

虽然柬埔寨与中国针对"一带一路"倡议中的内容合作还算顺利,但双方也面临着诸多不容小觑的风险。对于深层次推动中柬"一带一路"建设,这些风险分析、评估与把控具备不容忽视的重要意义。当前,柬埔寨正逐渐加强战略计划"四角战略",目的在于借助有效的管理与深层次改革实现经济增长、民众就业和社会公平公正。由此可见,柬埔寨的发展战略与"一带一路"倡议有着极高的相似度,因此,未来双方的合作也存在巨大的空间,中柬双方应抓住每一次的合作机会,更好地为两国人民谋求更多的福利。通过将柬埔寨提出的"四角战略"与"一带一路"倡议相结合,凭借前期积累的深厚友谊,这将促成中柬双方互利共赢的局面,获得新成果,谱写新的历史篇章。

因此,双方要积极保持高层次密切互访的良好传统,继续发挥国家高层次的政策引领和推进作用,通过多种类措施就双边关系的重大问题和国际地区形势深层次探讨，加强双方战略互信，不断夯实中国柬埔寨关系根基，继续两国深厚友谊的深层次改善和发展。与此同时，积极利用多层次和多渠道的协商沟通，充分发挥中柬两国协调委员会作用。增强国家、地方政府和企业乃至非政府组织的协调沟通机制，深层次了解中柬双方所需，确保双方所提出的战略计划顺利实施开展。

与东盟其他成员国相比，柬埔寨的发展相对落后，在东盟之中应该属于贫穷的级别，但柬埔寨一直与中国保持着友好关系，虽然国情与经济发展水平存在着一定的不同，两国还是保持着良好的沟通与互动。随着"一带一路"倡议的实施，双方一致同意构建互惠互利与互相依存的"发展命运共同体"，成功将中柬双方紧密地联系在一起。中国借助与柬埔寨开展的合作向其他成员国乃至世界展示中国对未来合作的诚意与信心，增强中国对区域成员国及其他国家的吸引力。柬埔寨则获得更多的资源实现快速发展，促进地区经济，更有利于东盟共同体的构建。

构建中柬深入合作关系，为柬埔寨的当前经济提供了新的血液，缩小了柬埔寨与周边国家之间的差距。同时，中柬的共同发展也带动了越来越多的周边国家，激发出各国潜力，加强中国与东盟共同发展，营造新时期区域内"共商—

共享—共建"的政治经济新秩序,不仅有助于柬埔寨与中国快速发展,更有助于中国与东盟的合作并促进共同体的构建,具有典范性作用。

结　语

　　东盟自成立至今已经历时50余年，虽然共同体构建工作如火如荼，但相较预期还是有一定差距。东盟在2007年召开东盟峰会时自信地认为可以在2015年提前完成共同体的构建，但这样过于乐观的设想没有全面实现。东盟忽略了共同体建设和发展的很多必要因素，在2015年仅仅实现了经济共同体的构建。然而，东盟经济共同体的完成并不意味着东盟共同体或是经济共同体的工作完成，东盟各成员国之间还是存在着比较大的差距。东盟会在现有框架下继续发展经济，与更多的国家开展合作，快速融入世界经济圈。至于社会文化与政治安全共同体的构建工作，还面临较多困难。

　　目前东盟共同体发展方向也受到了一定限制，"东盟生命共同体"这个"胎儿"还没有成熟，东盟在经济、社会文化与政治安全这三个领域加强构建的同时，环境问题所造成的影响日益凸显，东盟也将针对环境问题单独召开会议或制定文件，与其作为社会文化共同体的一部分，不如单独划分出来，作为独立的共同体单独构建。环境和生态才是生命的最重要的内涵，突出这一领域的建构，可以让社会文化共同体的划分更为精细化，而且将凸显东盟命运共同体的内在价值。因此，未来的东盟共同体应当由东盟经济共同体、东盟社会文化共同体、东盟政治安全共同体与东盟环境共同体组成。

中国提出的"一带一路"倡议为东盟提供了绝佳的机会，无论是经济、社会文化还是政治安全方面，东盟都可以得到充分满足，前提是找到合理的定位，那么东盟将如同坐上快速列车一般，花费较少的人力物力实现更大的目标。

中国还提出"中国—东盟命运共同体"的战略概念，体现出中国对东盟的重视。正是基于中国提出的"一带一路"倡议，东盟国家在2015年年底正式宣布建立东盟共同体，从而再次提升了东盟与中国间合作关系的重要性。作为"一带一路"倡议的关键中转站，东盟拥有天时地利的优越条件，而通过"一路一带"这一根"脐带"所注入的活力，也为东盟共同体、中国—东盟共同体、亚太共同体、命运共同体的构建起到积极的推动作用。

参考文献

中文文献：

[1] (加)阿米塔·阿查亚：《建构政治安全共同体：东盟与地区秩序》，王正毅、冯怀信译，上海人民出版社2001年版。

[2] 曹云华：《东南亚国家联盟：结构、运作和对外关系》，中国经济出版社2011年版。

[3] 陈寒溪：《建构地区制度亚太安全合作理事会的作用》，世界知识出版社2008年版。

[4] 陈乔治：《国际因素与当代东南亚国家政治发展》，中国社会科学出版社2004年版。

[5] 陈世伦：《"21世纪海上丝绸之路"提倡和建议下的中柬关系：对外援助关系下的风险分析》，《南洋问题研究》2016年第4期，总第168期。

[6] 陈鑫：《浅析安倍"战略外交"》，《现代国际关系》2014年第9期。

[7] 陈莹：《试析东盟安全合作的现状与前景》，《暨南学报》2004年第3期。

[8] （德）费迪南·滕尼斯：《共同体与社会：纯粹的社会学基础概念》，北京大学出版社2010年版。

[9] 高立、徐万胜：《日本安倍内阁东南亚政策析论》，《东南亚学刊》2015年第1期。

[10] （英）J.H.伯恩斯主编：《剑桥中世纪政治思想史（下）350年至1450年》，生活·读书·新知三联书店，2009年第10版。

[11] 孔凡伟：《区域安全合作研究的建构主义范式》，《江南社会学院报》2005年第3期。

[12] 李学保：《当代国际安全合作的探索与争鸣》，世界知识出版社2006年版。

[13] 梁志明：《论东南亚地区主义的兴起与东盟意识的增强》，《当代亚太》，2001年第3期，第14页。

[14] 刘卿：《论东亚非传统安全合作》，《国际问题研究》2006年第1期。

[15] 陆建人：《东盟国家的安全合作及几点看法》，《战争与管理》1999年第4期。

[16] 陆忠伟：《非传统安全》，时事出版社2003年版。

[17] 麻陆动：《东盟应对两次金融危机不同态度之原因分析》，《当代世界》2010年第2期。

[18] （英）迈克尔·利弗：《当代东南亚政治研究指南》，薛学了等译，香港城市大学东南亚研究中心、厦门大学东南亚研

究中心，2003年版。

[19] 倪世雄：《当代国际关系理论》，复旦大学出版社2001年版。

[20] 牛仲君：《冲突预防》，世界知识出版社2007年版。

[21] 欧斌：《权利、制度、认同——东南亚安全合作的多维视角分析》，《太平洋学报》2006年第3期。

[22] (菲)赛维里诺：《东南亚共同体构建探源：来自东盟前秘书长的洞见》，王玉主等译，社会科学文献出版社2012年版。

[23] 沈海淘：《从安倍主义到积极和平主义：安倍外交动态失衡研究》，《黑龙江社会科学》2014年第5期。

[24] 苏浩：《东亚整合的艰难之路："平轴"—"胡桃"—"双核"模式的建构》，世界知识出版社2017年版。

[25] 苏浩：《从哑铃到橄榄：亚太合作安全研究》，世界知识出版社2003年版。

[26] 苏浩、任远喆：《中国海疆问题》，中国文化事业出版集团2014年版。

[27] 托马斯·艾伦：《东南亚国家联盟》，新华出版社1981年版。

[28] 王帆：《人类命运共同体——全球治理的中国方案》，湖南人民出版社2017年版。

[29] 王红芳：《危机孕育出的合作——分析非传统安全对东亚地区合作的推动》，《贵州师范大学学报》2003年第3期。

[30] 王江丽：《非传统安全语境下的"政治安全共同体"》，《世界经济与政治》，2009年第3期。

[31] 王士录、王国平等：《从东盟到大东盟：东盟30年发展研

究》，世界知识出版社1998年版。

[32] 王文：《"一带一路"当注重虚实结合》，《人民日报》2015年2月14日。

[33] 王文、贾晋京：《向世界贡献"中国方案"的新起点》，《文汇报》2016年9月5日。

[34] 王育谦、彭泽军：《东盟非传统安全问题初探》，《传承》2008年第1期。

[35] 魏建国：《从利益共同体到命运共同体"一带一路"确定第三次改革开放大战略》，中国国际经济交流中心，2015.06.16，http：//www.china.com.cn/。

[36] 韦红：《东盟政治安全共同体的特征及中国在其构建中的作用》，《国际问题研究》2007年第2期。

[37] 韦民：《民族主义与地区主义的互动：东盟研究新视角》，北京大学出版社2005年版。

[38] 吴世韶：《中国—东盟次区域经济共同前进机制的现状与展望》，《社会主义研究》2011年第5期，总第199期。

[39] 习近平：《携手构建中国—东盟命运共同体》，在印度尼西亚国会的演讲，新华每日电讯，2013-10-04。

[40] 向彦：《中国—东盟自由贸易区投资争端解决机制研究》，西南政法大学，2009年。

[41] （古希腊）亚里士多德：《政治学》，吴寿彭译，商务印书馆2009年版。

[42] 颜桂丽：《东盟、美国的亚太安全制度及对地区安全的影响》，《东南亚研究》2001年第5期。

[43] 杨昊曦：《"东盟安全共同体"对南海局势的影响及中国对策》,《学理论》2012 年第 21 期。
[44] 杨丽艳：《东盟的法律和政策与现代国际法》,广西师范大学出版社 2000 年版。
[45] 曾谈：《安倍内阁国家安保战略的基本内涵与调整动向》,《太平洋学报》,2016 年第 9 期。
[46] 张锡镇：《当代东南亚政治》,广西人民出版社 1994 年版。
[47] 郑先武：《安全、合作与共同体——东南亚安全区域主义理论与实践》,南京大学出版社 2009 年版。

外文文献：

[1] Alice D. Ba："Who's Socializing Whom? Complex Engagement in Sino-ASEAN Relations", *The Pacific Review*, Vol.19, No.2, 2006.

[2] Emanuel Adlerand Michael Barnett："A Framework for the study of Security Communities", in Emanuel Adler and Michael Barnett, eds, *Security Communities*, New York：Cambridge University Press. 1998.

[3] Kenneth Thompson："Collective security reexamined", *American Political Science Review*, Vol,47,No3,Sept, 1953.

[4] J.Soedjati Djiwodono："Cooperative Security in the Asia-Pacific Region：An ASEAN Perspective", *The Indonesian Quarterly*, XXII/3, 1994.

[5] James A. Caporaso："International Relations Theory and

Multilateralism The Search for Foundation" *International Organization*, vol.46, No.3(summer,1992).

[6] Nischalke and Tobias Ingo: "Insights from ASEAN's Foreign Policy Cooperation: the 'ASEAN Way', a Real Sprint or a Phantom?", *Contemporary Southeast Asia*,Vol22, Issue 1, Apr2000.

[7] Rodolfo C.Severino: "Southeast Asia in search of an ASEAN community: Insights from the former ASEAN Secretary-General", Institute of Southeast Asian Studies, 2006.

[8] 石川幸一等:《ASEAN 経済共同体と日本》，巨大統合市場の誕生文眞堂，2013 年版。

[9] Terry Terriff et al.: Security Studies Today. Cambridge. Polity Press, 1999.

网站：

[1] 中华人民共和国政府门户网站，http://www.gov.cn/。

[2] 中华人民共和国驻柬埔寨王国大使馆经济商务参赞处网站，http://cb.mofcom.gov.cn/。

图书在版编目（CIP）数据

中国与东盟：命运共同体的生动实践 ／（老）素里耶·莫那拉著. -- 北京：新星出版社，2021.9
ISBN 978-7-5133-4405-0

Ⅰ.①中… Ⅱ.①素… Ⅲ.①国际合作－研究－中国、东南亚国家联盟 Ⅳ.① D822.333

中国版本图书馆 CIP 数据核字（2021）第 057624 号

中国与东盟：命运共同体的生动实践

[老挝] 素里耶·莫那拉 著

责任编辑：孙志鹏
责任印制：李珊珊
责任校对：刘 义
装帧设计：尚世视觉

出版发行：新星出版社
出 版 人：马汝军
社　　址：北京市西城区车公庄大街丙3号楼　　100044
网　　址：www.newstarpress.com
电　　话：010-88310888
传　　真：010-65270449
法律顾问：北京市岳成律师事务所

读者服务：010-88310811　　service@newstarpress.com
邮购地址：北京市西城区车公庄大街丙3号楼　　100044

印　　刷：北京中石油彩色印刷有限责任公司
开　　本：889mm×1194mm　　1/32
印　　张：7
字　　数：150千字
版　　次：2021年9月第一版　2021年9月第一次印刷
书　　号：ISBN 978-7-5133-4405-0
定　　价：68.00元

版权专有，侵权必究；如有质量问题，请与印刷厂联系调换。